AKAK9

傳說中的撲克牌愛情占卜

amazon.co.jp™
amazon.co.jp™

失戀的時候

就不應該聽失戀的歌

之所以對傷心旋律產生共鳴

是因為你還在享受失戀

AKAK9

目錄Contents

什麼是AKAK9?

如何算AKAK9?

如何解AKAK9?

如何查AKAK9?

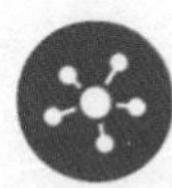

其他相關

碰巧聽到熟悉的旋律，

也想起了熟悉的過去，

它的確動人心弦過。

Akak9

尼克雷

AKAK9 解牌師

前言 Preface

它，是一個很奇妙的愛情占卜。

自從在1997年在加拿大接觸到這個占卜方式的時候，就深深被它吸引.

它最有趣的地方在於準確度和解牌的方式，並不只是單純地算出結果，或者只是翻出牌來看牌在哪個位置而已，而是必須要看的懂它的排列組合裡所隱藏的涵義，進而把想要知道的秘密解出來；而最神奇的地方卻又是那無法預測的準確度。

「怎麼這麼準？」
這是我最常聽到的一句話。

從一開始自己幫自己算，再到幫朋友算，再到朋友幫朋友算，再隨著通訊平台的進步，也從面對面解牌，電話隔空解牌，電子郵件解牌，部落格留言解牌，Facebook留言解牌，到現在最常用的Line@解牌，20年下來無一間斷。

而它真正的魅力來自於，每個算出來的故事都很美很精彩很能引起共鳴，於是想要有更多的方式來表達這些故事。

原本寫個部落格教學，已經算是為AKAK9留下了一個紀錄，但算出來的這些故事的含意更可以用不同的方式來呈現讓更多的人有感觸，有成長；於是希望將原本的部落格，讓它發展到一個每個人都可將故事分享的作品平台。

也就開啟了我想要製作這本教學書，網站，以及APP的念頭。

愛情，占卜，算命等，我們對於未知的解答，無論年紀無論時空無論時代，對它都有無比的好奇心．而它，雖然只是一個小小的占卜遊戲，卻開始擁有它存在的痕跡．

我們隨著年齡成熟了，但面對愛情的時候，迷惘的時候，都還是會失去冷靜判斷以及取捨問題。

愛情的確，就是如此地讓人著迷，也讓人痛苦。所以在幫人解牌的同時，我也在思考著把答案算出來純粹地解釋牌面意思不單單只是AKAK9本來的義務或責任，更需要讓有在愛情裡跌倒的每位朋友，可以因為更多的真實故事，真實感受，真實經歷，而找出答案，找出勇氣來往更美好的生活繼續前進。

AKAK9，它也會是陪伴您的好朋友。

Ethan Yeh

喜歡獨自旅行，走訪每一個角落
用文字與攝影，記錄生活的每一刻
並熱愛結交每一位朋友

推薦序 Forward

如果你正在尋找一個能快速了解他與你當下關係的占卜，那請相信我把這本書讀完。

10年仲夏之際，無意間在部落格看到作者分享這個溫哥華占卜，在好奇心驅使的情況，我自己找了一副牌按著翻拍算牌教學影片一張一張的算牌。

那晚我占卜了許多不同朋友、喜歡的對象甚至完全不認識的電影明星，各種眼花撩亂的牌型與錯綜複雜的組合，我完全沒有頭緒，你無法想像一個很想應證準確度的高中生，為了想知道其中的意義，開始與作者有了信件的往來，而這一封一封的郵件，讓我開始慢慢體會牌型想要告訴我的答案。

當時為了要記下牌型的意義，我特地紀錄在筆記本裡，在學校課餘時間慢慢體會，身旁朋友也都十分好奇，我便間接把AKAK9傳達給我的朋友，他們都抱持好奇心請我解惑，也開始佩服簡單卻準確的算牌。

那一陣子我非常著迷AKAK9，出自於對愛情的憧憬，我無時無刻都在想知道她對我的感覺，因此算牌、解牌在當時成為了我每天生活的一部分。但因為年輕經歷少，要如何實際體會牌型想要告訴我的答案，我並不像Nick如此的熟練，在當時我幾乎有時間就會看看Nick部落格的男女小故事，跟著融入其中的情節，遇到解不出來的牌型也都私訊Nick，我總會先用我的構想在由Nick補充或引導我，我們也因此熟識對方。

隨著接觸的日子漸深，內心其實也會想要了解AKAK9的精髓與背景，也因如此與作者討論的層面拉伸了許多，無論紫微斗數或易經，在經過多次的問答與探討，我們對於玄學領域的認知有著許多共識，我們互相討論著種種可能影響占卜的因素，為的是滿足我想得知的真理。

曾經有一陣子對於AKAK9有疑惑，心裡其實很常納悶如果這是一個很準確的占卜，那怎麼到現在卻沒有像塔羅牌或星座那樣的流行？但這個問題我換了方式思考，或許因為大多數人很少接觸，Nick才會想把AKAK9分享給大家。

六年來，我斷斷續續反覆拿起撲克牌，用AKAK9陪我度過許多抉擇點，當然到現在我算牌的時間減少了，但我還是很喜歡在聚會中帶著一副牌，很適合在大家不熟想要聚集投入同一個氛圍時，談談這個簡單的算牌，在不熟的朋友也會好奇想要聽聽這神秘的AKAK9。

就讓AKAK9為你的生命增加點生活情趣吧。

Sisley Yuhann

畢業於紐約帕森斯學院的
旅加平面及服裝設計師、夢想家、空想家、理想主義及柏拉圖主義者，
可以接受不完美卻不能接受不純粹。
環保倫支持者。比起光鮮亮麗的禮服，更愛牽引身心感受，伴隨生活型態的時尚。

推薦序 Foreword

與其說自己是AKAK9的愛用者，不如說我是對擅長解讀AKAK9這門藝術的崇拜者。Nick正是這位可比通靈的解讀大師，令人忍不住再三討教。

這裡提到的「靈」可跟靈異沒關係，指的是算牌者的心靈及張張牌的「牌靈」。此刻你也許正嘀咕著，牌也有靈魂？究竟有沒有，我想任何方式的科學研究都無法證明的，但每當Nick看著副副牌面，悠悠解釋個個局勢時，我就想著這牌肯定是有靈才會將我心深處的感受（有時深到還未自覺）赤裸裸的放在桌上給他來陳述！

這就是當年Nick每次幫我算牌後的感想。老實說，牌誰都可以學著擺，解牌就需要多琢磨了，甚至還要一些天份，要不然也就不會有這本書。

我其實是個挺有自己想法的女生，並不將人生拘束在算命和占普給我的框框。但在Nick解釋的牌局下，我學到如何更細微觀察人與人的互動，也總是獲得一些引人深思、自己又沒想到的觀點。這也是我一次又一次來麻煩Nick本尊的原因。

不就是占卜愛情嗎？怎麼講的這麼哲學、這麼偉大、似乎太矯情了。其實這完全得看你是抱著什麼心態看占卜這件事。

我與Nick因緣際會的相識在我目前為止人生最迷失的時段。當時的我結束一段算是挺震撼的感情不久，還在原地踏步的嘗試所有能理清頭腦的方法。就一個對愛情

似懂非懂，又對各種類的異性一無所知的女孩來說，AKAK9可說是完美無瑕的媒介。

「妳對他有好感，但他把妳當朋友」、「妳們倆關係不錯，但他身邊還有其他人關心他」、「妳們雖然常說話但不常見，妳們之間還有好多人，距離遙遠」這些解讀在我聽完後心裡留個提醒，默默的也學習解讀對身邊人、事、物的相關性。

愛情本來就是人生的一大學科，讓人成長。如果說約會和戀愛是愛情的教科書，那AKAK9就好比做提升我學習能力的自習書。

關係中的跡象，牌局有一套呈現，是與不是就靠自身走過觀察、體會。人生中沒有一段關係和感情是白費的，總是得爬過各種階梯，爬到夠高了才能遠望到我們心目中的美景。

AKAK9曾給我許多學習戀愛關係的線索，祝願它也能是你愛情學科中的成長自習書　。

什麼是AKAK9?

起源

AKAK9，是一種撲克牌的占卜遊戲。它的起源已經無法考證，就是眾多撲克牌占卜方式的其中之一.

雖然當時作者接觸到它是一位從日本回來的長者所教，且花了好幾年的時間查詢日本占卜的資料，卻也沒有任何結論，因此也無法舉證是日本人發明的占卜法；也嘗試著尋找世界各國其他種類的占卜法，看是否有類似AKAK9的玩法，雖然有一些類似的但始終還是沒有一個答案。

於是作者乾脆自己來寫出來這樣有趣又準確的方式，努力讓它成為一個新占卜法。

而AKAK9的名字也是作者多年下來推廣它而取的名字，起初只是為了方便讓大家加深印象記住這種占卜方式的叫法，因為它最重要的五張牌，就是黑桃A，黑桃K，紅心A，紅心K以及黑桃9；於是自然而然慢慢地，它的算法，玩法和準確性的重要性大於它的名字了。

akak9

2013.新年快樂

未來發展

AKAK9能延伸的舞台空間其實非常的廣，雖然它或許只是一個占卜遊戲，但它所經歷的故事卻是十萬百萬種，甚至連我自己都再次拿起畫筆想要畫下，拍下，寫下譜下它所擁有的故事。

將來的AKAK9，希望做到不只是每個朋友找尋答案的工具而已，更是我們能夠分享心情以及聯絡感情的空間。

2016

2012

2016

YO.,你竟然把它打出來耶..,
\'\'!!!!!!.愛s了

Evie

哇好强~~ 不过这个看起来
好麻烦哦。。。光是读
instructions就已经头晕了
哈哈~~

Vivian

記得你那一次幫我算
真ㄉ是超準的
好懷念阿

Cheryl

我也再算一下拉.....
嘿嘿!!!

William

謝謝你!
真的好準噢。

Helen

真的很準,牌組千變萬化
有些真難解釋,請賜教,謝謝!

Rosy

這個眞的好準,我學了一些
後開始幫我朋友算,大家
直呼不可思議,

Sammi

天啊～如果我是女生的話
也是電車男情節嗎?
可是真的超准的!!!!!!!

Ed

這個真的超有趣的~還要
慢慢學怎麼解得更好 =)
謝謝你的教學,很仔細!

Bao

感恩哦~ 這算法實在超準!!
我朋友紛紛來問溜
再次感謝大大!!

Vita

啊咧~真的好準也~~
怎麼這麼神奇~~我才想說
他連我好朋友都封鎖我
有點生氣說~

Joe

我要把這個算法傳給
我朋友!! 你真的好厲害!
算的好準!!

Hello! I just would like to give an enormous thumbs up for the great info you ve got right here on this post.

Shark

謝謝你!
你好厲害!!!

Tina

算出來感情
好多角啊!哈(///▽///)

麵麵

謝謝你，真的很準，
其他我沒辦法確認，
所以沒辦法直接說準。

Lu

跟昨天的結果應該是差不多…
(如果我沒解讀錯的話)…
真的覺得這個算法太神奇了!
Lee

哇!好准!
謝謝你!
Lily

向您回饋一下,文章提到年
紀差距的感覺,實際上他大
我4歲,覺得有點神奇XDD
蔡綾X

她說太準了!謝謝你
確實最近他們很
難見到面阿
S

剛發現這算命的時候,
跟朋友玩了一下,
朋友都說準,還滿有趣的
Alice

今天找了10幾個同學測驗!!
他們說 還蠻準的ㄟ !!
甚至有幾個說準到爆!!
余展X

我是從香港來的
特意學的
Pipa

i really like the method
and its amazing accurated .
Chern

真的很準欸

Yun Pei

恩恩謝謝你喔
真的幫助我非常多

Jia

唉。。。早勸過她了。。。
無論如何,
謝謝你的回答:)

Phoebe

好哦 謝謝
最近都沒空
好好學這個

臣X貝

想請問老師
如果方便的話
可以親自拜訪您嗎

傅景X

準吔!!

Taku

好準喔 感謝你

程映X

好厲害阿
求你出書...

Kathy

謝謝你，
你好強歐！
張X瑜

原來是這樣Y
謝謝你了
聽說

這個真是神奇的東西
蔡XX

有趣有趣
Joy

覺得你們的網站很有趣，
想要找時間專研
陳佳X

謝謝Nick
啊啊啊貓咪是按錯的
凱特

你真的好友善ㄟ
蕭X佑

哇嗚!!
他說 好準阿
!!!
Apple

哈哈這麼晚還在
為民服務
辛苦了
楊X涵

好喔，謝謝你
看來我是很花心
哈哈
陳X安

那我這次哭
小聲一點
蕭X佑

早安，
我昨天算到
早上4點
陳俞X

一次意外，讓我在網路上看到AKAK9，
那時候剛好和另一半遇上困境，每天過得很不快
樂，於是在看到它的時候燃起興趣開始接觸。
第一次當然是獻給另一半，試圖從中找到一線生機。
沒想到一算就算出我們吵架了！　那時候知道占卜
結果真的想哭阿，怎麼這麼準！
導致我現在偶爾出現不確定的人際關係時就會拿
出來算一算，也非常推薦有興趣的人可以嘗試看看喔！
Lily

你還記得一開始喜歡他的理由嗎？

其實我們很多人都忘了

反而想把另一半變成自己喜歡的樣子....

AKAK9

AKAK9使用說明

使用前注意事項

♠不是只能算男女朋友或者夫妻,只要是異性都能算,包括家人親戚等.

♥可算同性,但是只能看出兩個人的互動關係而已,若有其他牌存在,無法解釋其他顏色和當事人關係.

♦可算寵物,一樣只能看出牠和你關係.

♣可算工作,把目前的工作或者想要去應徵的工作當作是一個對象來算,可看出好壞適合與否。

♠算牌前請找一個安靜的地方比較容易專心。

♥新牌,舊牌不影響準度, 一般的說法占卜要用新牌, 甚至第一次開牌算最準,這個說法不適用在這,反而用越久的牌越準, 甚至可考慮用一副專屬自己最喜歡的牌熟悉默契,培養準度。

♦默念對方名字不一定要用全名,用平常怎麼叫他的方式即可。

♣盡量閉起眼睛默念,且想像對方感覺就在你旁邊一樣, 畫面越清晰越好。

♠不管你是幫自己算,還是幫別人算,記得想算的人都是用左手壓在牌上做默念。

使用中注意事項

♠ 幫算牌人和算牌人在過程中也不要分心,持續到算牌結束。

♥ 算牌時候要用左手來放置牌和拿牌,因為左手在很多說法中是有力量的,可以提升準度。

♦ 算牌千萬不可掉牌, 掉在桌上或地上都不行,準度會流失掉,所以洗牌和算過程中請小心。

♣ 算牌時比較容易忘記剛剛用到第幾層,可以在放牌的時候默念次數。

♠ 即使前幾次就已經剩下最後的五張牌了,也請繼續一直排到最後一堆再開牌,因為順序中間依然會改變,到最後一刻才知道結果。

使用後注意事項

♥ Akak9是算的是現在和對方的關係,雖然會帶一點過去如何,但並不是算未來。

♦ 同一個人一天算一次就可,因為如果算好幾次,若牌型出現不一樣,主觀意識會影響準確度,到底那個準你也分不清楚. 但有一種情況可以算兩次以上,就是你和對方在同一天就產生新互動了,自然就可算看看互動後的結果。

♣ 不管有多準,切記算命終究只是一個參考,別因為算出的結果不好而喪氣,但鼓勵牌型好的時候更能增加信心。

如何算AKAK9?

1) 一副52張的撲克牌, 反覆洗牌後, 用右手拿牌.

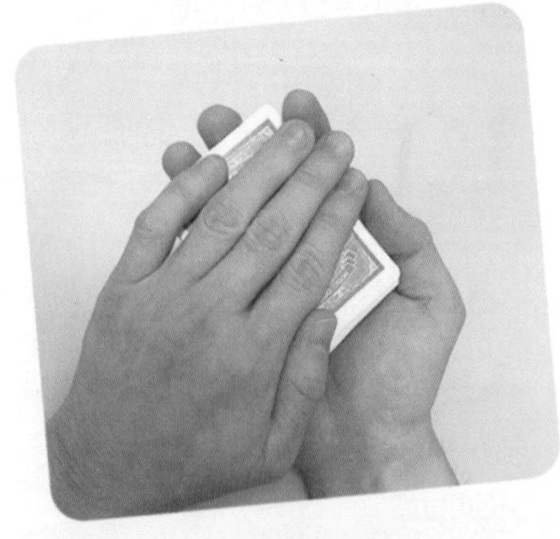

2) 要求對方(或自己) 的左手按在你的右手牌上.

3) 請對方(或自己)閉上眼睛, 想像要算的那個人的臉孔或笑容, 像感覺對方好像坐在身旁, 越真實越好, 然後默唸對方的名字3次之後,手就可以拿起來了.

4) 你用左手拿起第一張牌,

從左到右放下牌在桌上.

5) 依序第二張, 第三張, 第四張, 第五張之後的第六張牌放回第一張上面, 以此類推.

6) 到最後就會出現, 第一堆牌有11張蓋牌, 第二堆牌11張, 第三, 第四, 第五都是10張牌.

7)用左手把第一堆牌拿起來反轉.

8) 反過來打開淘汰不要的牌, 除了黑桃A, 黑桃K, 紅心K, 紅心A, 黑桃9之外, 其他都不要.

9)不要的牌丟到別的地方.

(如圖第一堆裡面都沒有那5張牌, 就都淘汰放上面)

10) 若碰到要留的牌, 丟掉淘汰的後, 將停住剩下的牌放回第一堆的位置. 假設一翻過來的第一張就是留住的牌, 那就不用淘汰任何的牌, 直接開著放回去.

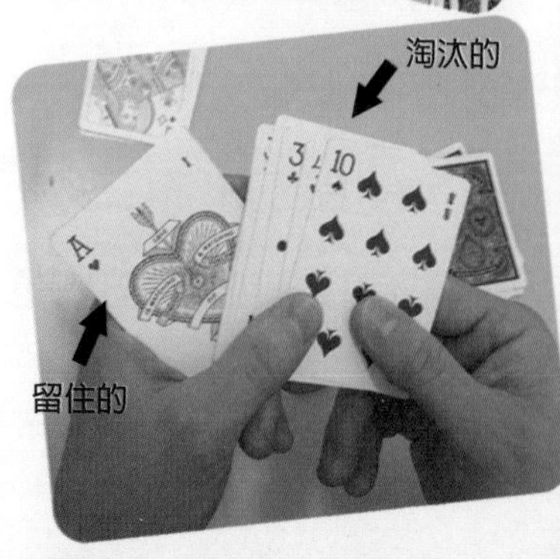

11) 接下來一樣左手拿起第二堆牌, 反過來開始淘汰牌.

12) 一樣淘汰牌, 若有停牌, 就壓回去第一堆, 若無那五張需要停的牌, 就全部淘汰.

(如圖第二堆也沒有AKAK9, 就都淘汰)

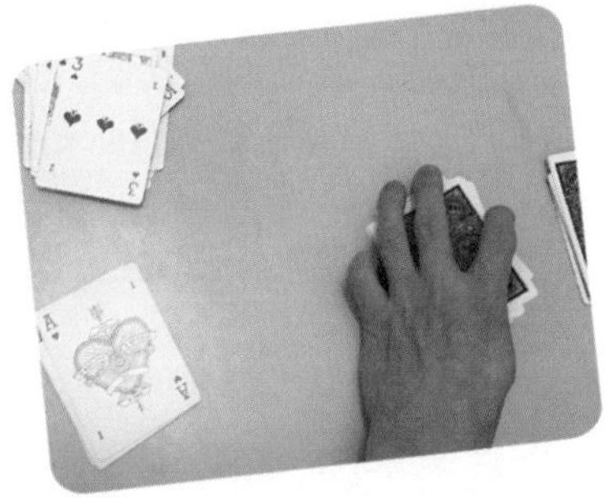

13)以此類推, 打開第三堆, 淘汰不要的牌, 留住有看到AKAK9的牌.

(如圖第三堆第四堆都沒有我們要的牌, 直到第五堆才有紅心K, 留下之後的牌, 壓回第一堆開的牌去)

14) 用左手把第一堆收集的牌, 轉回來成為蓋牌, 用之前放5堆的方法, 這次放4堆.

15) 從左邊開始拿牌反過來, 開始淘汰不要的牌, 若有要留下的牌一樣停住後, 放回第一堆.

16) 以此類推, 打開第二堆淘汰, 第三堆淘汰, 第四堆等都淘汰完後, 都放回第一堆.

(如圖第二堆一翻開就是黑桃9, 那就直接壓回去第一堆)

剛剛留下來的第一堆

17) 一樣的方法, 將第一堆

留下的牌反轉, 開始放三堆.

18) 一樣開始淘汰牌, 留下

要留的牌到第一堆.

(如圖第一堆的時候看到黑桃9留

下來, 第二堆看到黑桃K,因此將

黑桃K以下的牌放到黑桃9上面)

19) 一樣的方法, 將第一堆

留下的牌反轉, 開始放二堆.

20) 一樣開始淘汰牌, 留下

要留的牌到第一堆.

(如圖第一堆的時候看到紅心K留

下來, 第二堆看到黑桃9,因此將

黑桃9以下的牌放到紅心K上面成

為一堆)

21) 將第一堆留下的牌反轉,

開始放最後一堆

22) 反轉開始淘汰牌

23) 大功告成, 準備來解牌

安卓版APP 下載

除了前面提到的傳統算法,
AKAK9也推出了安卓版的
APP算牌工具可以使用.
免除了如果想要算的時候,
還得尋找是否有撲克牌的
困擾, 有了APP即可以隨
時隨地算牌了!

安裝方法:

1) 先到Google Play商店
搜尋"AKAK9"

2)看到主程式後, 下載

3)打開程式直接使用

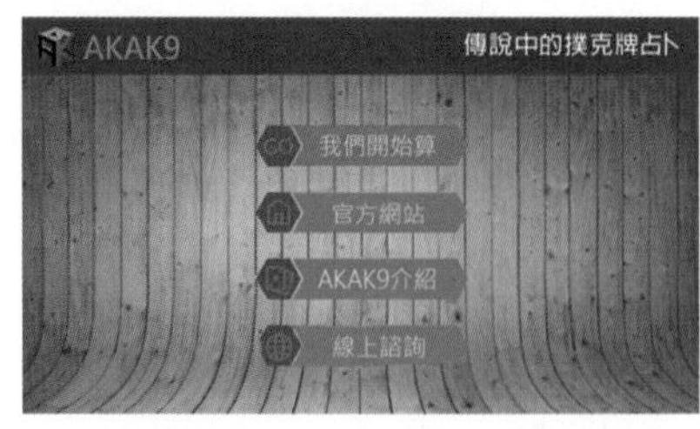

APP使用方法:

1) 點擊主程式後, 可以看到橫向的主畫面.

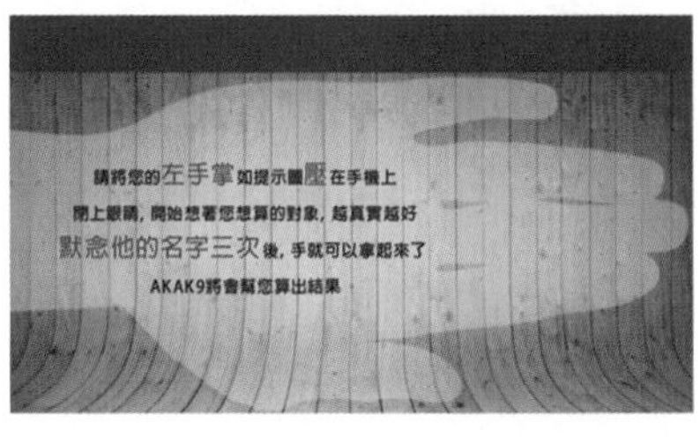

2) 按開始算, 進入到放左手的畫面, 和之前的傳統手算的方式一樣, 如畫面提示, 將左手放在手機上, 想著你想算的那個人,默念他名字三次, 手就可以拿起來了.

3) 結果出爐!

有時候，賴床
是因為夢見了你才捨不得離開

Akak9

TOR

world's greenhouse gas emissions, pollution from fertilizers, habitat il degradation. Under our current n, farmers use lights, ventilation, lifying technologies to create an or environment to grow cannabis, ces a lot of greenhouse emissions. on the precipice of a similar fate agriculture in Canada, it's time to we can shift marijuana cultivation nmentally friendly path.

.C., growers have already begun concerns about the large-scale pot, envisioning an alternative model, similar to craft breweries. ve that consumers will appreciate ntally friendly product for a higher fact that many British Columbians extra dollars for craft beer proves

the federal vith a large- Shoppers

abandoned vessels.

Transport Canada has abandoned or derelict ves waters, undoubtedly an under Each is, at least, an eyesore a source of environmental contami navigational hazard.

The cost to remove an aba vessel ranges from small change to s hundred thousand dollars, dependi complexity. As many old boats near the end, owners are tempted to dump unw vessels in public waters. As litterbu land found at the dawn of anti-litter penalties for abandoning vessels are n to discourage the practice.

But many government agencies involved: Transport Canada, the Coast federal and provincial environmental age and local governments. Overlapping ag dilute responsibility, cause inefficienc foster inaction.

At least M-40 carries some politica moral weight in calling on the governm do *something*.

The bad news is that motions ha

...cy.
John Weston
West Vancouver

wou...
ed for...
a wide...
Oppositi... ...transport
ster Lisa R...
The bill mad... ...not ideological;
was popular. I'm confident it would have
ed. But Parliament rose soon after I tabled
bill and it died on the order paper.

n all my work in Parliament, including
successful Private Members Bills, I was
zed how hard it was to accomplish real
ress, and how important it was to seize
mon ground along the way.

t its best, MPs seriously strive for common

RUNNING SUPPORTS FOOD BANK

Christine Suter from C2Skymultisport and Dave Clark from the Whistler Half Marathon would like to thank all of the walkers, runners, and volunteers who came out and participated in the Whistler Food Bank 5km fun run and walk in support of Whistler Community Services Society.

We raised $1,000 and donated over 80lbs of food! Thanks to everyone for supporting our community!

Christine Suter
Whistler

to...
gu...
ro...

co...
er...

K...
I'r...
ar...
tr...
w...
b...
b...

如何解AKAK9?

Lesson 1 最重要的五張牌

在AKAK9中, 最主要就是這五張牌, 熟讀它們的涵意並且延伸組合的意思, 就至少可以抓住8成的牌意了.

代表自己的心,
心意, 想法,
主動的喜歡.

代表自己的人,
外在, 現實生活
被動的被喜歡.

代表對方的心,
心意, 想法,
主動的喜歡.

代表對方的人,
外在, 現實生活
被動的被喜歡.

障礙, 距離, 身高, 體重,
金錢, 煩惱, 家庭背景,
壓力, 課業, 觀念差異

其他牌代表其他人,
同色代表同性別,
同事,同學,親人,家人等

如何解AKAK9?

Lesson 2 從兩張牌開始解

算完後一定會最少剩下5張牌, 因此這裡先學會如何看懂兩張牌組合的意思, 自然就能延伸整副牌的密碼了.

自己喜歡自己
自主, 獨立,有自信
堅強, 比較在乎自己

喜歡彼此的心
彼此想法類似
互相了解有默契

你的心喜歡他的人
你喜歡對方

你的心討厭著什麼
這裡要從另外一張
牌來判斷你討厭的是?

你的心喜歡別的同性
代表你重友情
關心某位好朋友或家人

你的心喜歡別的異性
除了現在算的對方
你還有喜歡別的人

對方自己喜歡自己
他自主, 獨立,有自信
堅強, 比較在乎自己

對方的心喜歡你的人
對方喜歡你

他的心討厭著什麼
這裡要從另外一張
牌來判斷他討厭的是?

他的心喜歡別的異性
代表除了你
她喜歡的是另一個人

她的心喜歡別的同性
代表他重友情
在乎同性的朋友或家人

你的人靠著對方的人
代表你們常見面聯絡
生活圈相近

解牌推演

這代表什麼涵意呢?

解答:

∴ 先用兩張牌解法,從左邊來看
有黑桃A+紅心A 和 紅心A+黑色牌 兩種加起來
先解左半邊的意思是: 你和他心靈上互相了解像知己
右半邊的意思是: 他喜歡別人

∴ 雖然你和他是好朋友, 可是他喜歡的人不是你,
是另外的人, 而且說不定他有讓你知道,
因為你和他是無話不談的好朋友.

如何解AKAK9?

Lesson 3 從三張牌開始解

看懂了上一章的兩張牌後, 那現在就來延伸到三張牌.
記得用兩張兩張的組合方式來看.

他的心對著自己的人
表示對方喜歡自己

他的人對著自己的人
表示對方和自己
常常見面或著連絡

如果9旁邊還有其他牌
那就代表你的人或個性
被某位討厭或者有障礙

其他黑色牌對著你的人
代表朋友很喜歡你
你的身旁常有朋友圍繞

其他紅色牌對著你的人
代表有其他人喜歡你

兩人的心互相了解
而他的心也對著你的人
表示不只了解你也喜歡你

兩人的心互相了解
彼此就像知己
無話不談的關係

兩人的心互相了解像知己
但不知道他在討厭什麼
要看黑桃9旁的牌

兩人的心互相了解像知己
只是他喜歡的是別人
和你只是無話不談的感覺

兩人的心互相了解像知己
而他很在乎他的朋友或家人
他是一個重感情的人

你的心對著他的人
代表妳喜歡他
他的人和你的人在一起
代表常見面連絡的關係

你的心對著他的人
代表妳喜歡他

你的心對著他的人
代表妳喜歡他
而要看黑桃9旁是什麼牌
才知道對方被誰討厭或障礙

你的心對著他的人
代表妳喜歡他
但同時也有黑色牌對著他
代表你和別人同時喜歡他

你的心對著他的人
代表妳喜歡他
而他的朋友也喜歡他
代表他身旁常常也有朋友聚集

你的心和他的心隔著9
也可以說是心不喜歡心
那就代表兩個人想法不同
彼此沒默契,不理解,吵架

你的心和你的心隔著9
自己的心不喜歡自己的人
可以說目前你有壓力難受
可能是外在也可能是內心

你的心和他的人隔著9
就代表你不喜歡他
或者你對他的外表
個性行為等有厭惡

你的心隔著9對著一個同性
代表你討厭一個
和你同性別的人

你的心隔著9對著一個不同性
代表你討厭一個
和你不同性別的人

你的人對著他的人
只是代表你們的關係
昌見面連絡像同學或著同事

他的人旁是9要看
9的另一邊是什麼才知道
他被誰討厭或者是什麼障礙

有另外和你同性別的人
對著他的人
代表還有別人喜歡著他

有和他同性別的人對著他的人
代表他的朋友們喜歡著他
意思是他的身旁常有朋友圍繞

他的心對著你的心
代表你和他心靈相通
像好朋友,知己, 有默契

他的心對著你的心
代表你和他心靈相通
而你的心也對著他的人
代表你了解他之外也喜歡他

他的心堆著你的心
代表你和他像知己
但你的心旁有9
代表你還討厭著什麼

他的心對著你的心
代表你和他像知己
而你的心也對著同性的人
代表你也很在乎某位朋友

他的心對著你的心
代表你和他像知己
不過你的心還對著其他人
代表你另有喜歡的人

他的心對著你的人
代表他喜歡你
彼此的人也靠在一起
代表兩人也常連絡見面

他的心對著你的人
代表他喜歡你
而你的人可能被什麼討厭著
要看9的旁邊是否有其他牌

他的心對著你的人
代表他喜歡你
而你的人旁也被同性朋友喜歡
代表你身旁總有朋友跟著你

他的心對著你的人
代表他喜歡你
而你的人旁也被異性朋友喜歡
代表還有人在喜歡著你

他的心隔著9再對你的人
代表他討厭你
或者他討厭你的個性或外表
生活習慣等等

他的心隔著9再對他的人
代表他討厭自己
也代表目前他心中有壓力
可能是內在或外在壓力

他的心隔著9再對異性的人
代表他討厭著一個
和你同性別的人

他的心隔著9再對同性的人
代表他討厭著一個
和他同性別的人

你的心對著他的人
代表你喜歡他

你的心對著黑桃9
代表你討厭著什麼
要看9的另外一邊是什麼

你的心對著一位同性別的人
代表你很關心一位朋友
或你是一個重感情的人

你的心對著一位異性別的人
代表你也喜歡另一個人

他的心對著你的人
代表他喜歡你

他的心對著你的人
代表他喜歡你
而他的心也不知道討厭著什麼
要看9的另一邊是什麼牌

他的心對著你的人
代表他喜歡你
而他的心也對著一個異性
代表他同時喜歡你和另一個人

他的心對著你的人
代表他喜歡你
而他的心也對著一個同性別
代表他喜歡你也在乎一個好友

你的人對著他的人
代表你們常聯絡見面
而他的人也不知道被誰討厭著
要看9的另一邊是什麼牌

你的人對著他的人
代表你們常聯絡見面
他的人被一個和你同性別的人
喜歡著，代表有別人喜歡他

你的人對著他的人
代表你們常聯絡見面
他的人被一個和他同性別的人
喜歡,代表他身旁有朋友常聚集

你的人和他的人夾著9
代表你們不常見面連絡
可能兩個人遠距離
或者早班晚班不容易聯絡

你的人和一位同性別的人
中間夾著9
代表你被一個同性別的人
討厭著

你的人和一位異性的人
中間夾著9
代表你被一個異性的人
討厭著

他的人對著黑桃9
代表他不知道討厭著什麼
要看9的另外一邊是什麼牌

他的心對著一個異性
代表他喜歡著別人

他的心對著一個同性別
代表他很重視一個朋友家人
或者代表他很重感情

你的心對著他的人
代表你喜歡著他
另外要看9另外一邊是什麼牌
才知道你討厭或者什麼障礙

你的心對著他的人
代表你喜歡著他
你的心也對著一個同性別
代表你在乎某位朋友或重感情

你的心對著他的人
代表你喜歡著他
你的心也對著另一個異性
代表你喜歡他也喜歡另一個人

他的人對著你的人
表示彼此常連絡見面
而要看9另一邊的牌是什麼
才知道你被誰討厭或障礙

他的人對著你的人
表示彼此常連絡見面
你的人也對著同性別牌
代表朋友喜歡你和你聚集

他的人對著你的人
表示彼此常連絡見面
你的人也對著異性牌
代表另有人喜歡你

他的人和一位和你同性別
中間夾著9
代表有一位和你性別的人
討厭著他

他的人和一位和他同性別
中間夾著9
代表有一位和你異性別的人
討厭著他

你的心對著黑桃9表示
討厭什麼或障礙，看9的左邊
而你的心對著一位同性別人
代表你很重視他或者重感情

你的心對著黑桃9表示
討厭什麼或障礙，看9的左邊
而你的心對著一位異性
代表你另有喜歡的人

他的心對著黑桃9表示
討厭什麼或障礙，看9的左邊
而他的心對著一位異性
代表他喜歡著另一個人

他的心對著黑桃9表示
討厭什麼或障礙，看9的左邊
而他的心對著一位和他同性別
代表他很重視某位朋友家人

你的人對著黑桃9表示
你被誰討厭或障礙
而你的人旁邊有喜歡你的朋友
代表你周遭都有朋友聚集

你的人對著黑桃9表示
你被誰討厭或障礙
而你的人旁邊有喜歡你的異性
代表你被某人喜歡著

他的人對著黑桃9表示
他被誰討厭或障礙
而他的人旁邊有喜歡他的異性
代表某個人也喜歡著他

他的人對著黑桃9表示
他被誰討厭或障礙
而他的人旁邊有喜歡他的同性
代表他身旁朋友喜歡和他聚集

記得左右兩邊的牌其實意思是一樣的,
所以解牌的時候, 左邊右邊開始都沒關係喔.

解牌推演

這代表什麼涵意呢?

解答:

- 先用兩張牌解法,從左邊來看

有黑桃A+紅心A　和　紅心A+黑色牌　和　黑色牌+黑桃K

先解左半邊的意思是:　你和他心靈上互相了解像知己

中間的意思是:　他喜歡別人

右邊的意思是:　你的人旁邊的朋友,　你身旁的朋友

- 雖然你和他是好朋友,　有著無話不談的默契,　可是他喜歡的人不是你,是另外的人,　而且這個人還是你身旁的朋友……

解牌Q&A大全

Q:

如果我第一堆牌反過來拿裡面沒有一張事屬於那五張牌 那是要怎麼做呢???

A:

就丟掉,不需要留,直接看第二堆.

Q:

請問一下我有點看不懂把第六張排放到第一張,然後第一、二堆11張,其餘10張。那個牌組的樣式長怎樣?

A:

恩, 就是 把牌從左到右分成5堆先, 所以一定會是第一堆11張牌, 第二堆11張牌, 第三, 第四, 第五堆 是10張牌. 因為牌有52張牌阿, 所以

1 2 3 4 5 (從左到右)

6 7 8 9 10 (以此類推)

Q:

請問淘汰牌的部分,如果我每一堆都有那些牌(黑桃A,紅心A…)那我是要淘汰什麼><哪些牌要放回第一堆QQ…?

A:

牌翻過來後,看到那5張之前的都淘汰,所以原本是蓋牌的一轉過來的第一張就是那五張牌,那就不淘汰,全留下來,其他以此類推

Q:

如果我第一堆牌反過來拿裡面沒有一張是屬於那五張牌 那是要怎麼做呢???

A:

就丟掉,不需要留,直接看第二堆.

Q:

請問,如果在篩選第完四份或第三份時,牌已經剩下五張了,那是要繼續分二等份還是可以直接看結果呢?

A:

要,一直到一等分才不用,因為2等分雖只剩5張但順序還是會變.

Q:

除了在算的過程中不要分心 然後用左手算牌外 還有什麼方法可以讓牌更準確呢?

A:

你給他左手壓牌的時候,叫他眼睛閉起來的時候,想著那個人要越真越好,仿佛假想對方就在他身邊,那個時候他的左手和你的右手中間隔著牌,那個時候你也要專心,假想一股力量流到了你的牌,你的手上,還有,你可以選擇自己喜歡覺得準的一副牌,大部分用它來算

Q:

自己算自己,是不是從開始摸牌都用右手?

A:

右手拿牌,左手壓上去默念,但是發牌還是右手拿著,左手發牌

Q:

拿新的牌也會影響到準度嗎?

A:

心誠則靈,其實之前也只是說古老的法則,左手是有靈力的,不過我覺得重點在壓牌的時候要想著對方,越真越好,這比較重要.

Q:

如果把牌濾完剩5張時 要從右邊展開或者左邊呢?

A:

不會,結果一樣,但是我自己習慣還是從左開到右

.

Q:

另外假如要幫別人算,是不是一定要對方在場?

A:

是的,幫別人算,要叫對方把左手壓上來妳洗好的牌上.

Q:

為什麼我的牌算出來不只5張,常常都有好多張?

A:

不一定每次都只有5張,最少5張,但關係複雜的話到10張以上都有可能,但是如果牌太多,還是先檢查一下是否算牌過程中有掉牌,或者不太專心之類的,如果真的一切正常,那出現多牌的情況不外乎你和他真的沒有這麼熟悉或者你們彼此之間的人際關係比較複雜等等.

Q:

請問我算男生的時候 是以黑桃A,K為主 那算女生是要以紅桃A,K為主嗎?還是都以黑桃A,K去算呢?

A:

還是要用黑桃AK喔,因為必須按照算的人的性別來決定花色先,所以當事人都是黑桃AK,而被算的那方就是紅桃AK,而別的牌的性別也會因為當時人改變而跟著改變.

Q:

如果在按牌時候(就是想着對方,不經意或有意想到其他人,會影響嗎?

A:

哈,會阿,因為這個最神奇的地方就是你要專心想著那個人,準度才會出現.

Q:

同一時間不要重覆算同一個人,有建議隔多久嗎?

A:

最好有些變化再算,同個時間算,算出不同的結果,也沒有意義,人只會挑想聽的聽而已.隔多久要看你和他之間有沒有其他互動的東西出現, 比如說……下午約會很快樂, 你回家算一遍, 然後晚上他打來和你吵架了, 你當然可以再算一次.

Q:

為何前天算跟今天不同呢?

A:

因為它會隨著人的現況而改變, 比如說他昨天很生氣, 然後你算出他討厭你, 但是今天他已經氣消了, 就會算出他其實原諒你了,又或者, 他昨天可能遇到了前女友, 然後牌就可能算出他喜歡上了另外一個人, 但是過了幾天, 又沒有了 因為akak9畢竟是算現在的狀況, 每天不同, 但是多少會類似, 所以有時候可以用累計的方式來判斷情況, 但是次數不用這麼頻繁, 我的意思是, 比如你在這麼短的時間算了3次, 到底要相信那一次也不確定, 除非你和他是朝夕相處, 才有可能判斷到底那個準確, 所以我建議還是和他的互動有了改變後 (比如說和他說到話了, 傳了簡訊給他了等)之後再算, 才會有準確的動機喔.

Q:

請問說自己算的準 ,還是請朋友算的準啊?

A:

都可以的:,雖然很多時候還是有人算得就是比較準,多少還是有點不可思議的力量在,呵呵.

Q:

如果想幫未見過的人占卜可以嗎?

A:

那,至少他長捨麼樣子,他叫甚麼名字要知道.

Q:

占卜環境有規定嗎(有人在旁)?還是心誠就好?

A:

恩,環境不影響,但安靜點的地方比較好, 因為算的時候要感覺他在你身旁,越清楚越準.

Q:

會不會有不準的時候?

A:

不準的時候大多是算牌的環境很吵,無法專心, 或著算牌的時候掉牌之類的, 另外就是真的有一些人可能所謂的八字硬, 怎麼算都不準, 不過比例是100人中可能有5位的機率.

Q:

這個可以測家人嗎?

A:

可以啊,只要是性別不同,測寵物都可以。

Q:

所以一副牌可以有很多解釋嗎?

A:

是的,比如說單身來算或者情侶來算,解釋上會有所不同·

Q:

請問用APP算和手算準度會有差別嗎?

A:

只要你認真把想算的那個人想的越清楚,用左手傳達到牌上或手機上,魔術準度依然一樣.

Q:

除了這種算法外,還有別的算法?

A:

市面上當然有很多算法,不只是撲克牌,還有其他牌如塔羅,甚至也有我們華人本來就有的紫微,八字卜卦等.但就也不知道為什麼對AKAK9情有獨鍾.

Q:

要怎麼判斷是一個人還是一群?

A:

兩張以上都可能代表群, 所以如果他的人左右兩邊各一張或兩張,或者他的人單邊有兩張以上都算是群了.

Q:

障礙在人跟人中間除了原距離還有其他意思嗎?

A:

難見面, 難聯絡, 原理就是去思考為何人和人難碰到, 比如一個早班, 一個晚班, 比如某一個工作時間太長, 比如手機正好被拿去送修之類的.

Q:

算出來的定義是什麼? 互相喜歡也可以是朋友那種吧? 要怎麼分辨?

A:

是的, 所以要看背景是什麼, 比如說兩人互相喜歡, 但如果只是同事, 那就是彼此有好感, 可以製造機會相處甚至告白, 但若已經是情侶了, 那就是還在熱戀期的感覺, 但若已經分手了, 那就是代表彼此還懷念著當時的感覺.

Q:

到底要怎麼學才能學的好?

A:

其實就先背熟基本5張牌的意思, 然後看2張牌, 3張牌組合的推理, 然後從左邊開始解或者右邊開始解都可以, 基本都是從兩張的A出發.

Q:

那如果去掉某一張牌,解牌意思是一樣的嗎?

A:

意思就不一樣了, 每一張牌和它的位置都有不同的意義.

Q:

到底解牌是像背分式一樣呢?還是怎樣解?可以說明一下看牌順序嗎?

A:

解牌沒有順序差別,從左到右或者從右到左都可以,只是大部份從心出發,從主角出發,看關聯性

解牌語錄

所以如果敢開口，至少有50%，開口
不開口，就失去了50%的機會了，你可以
的漂亮，就可以有75%，在確定下開口的漂亮，那就100%了，
再想一下喔，而我也只是建議，還是自己的感覺最重要喔，

有時候放棄不是壞事，只是暫時的難過而已，說不定時間久了，機會還會回來，但如果執意要讓也許會發生的機會徹底消失，那也許還可以繼續堅持下去，但有可能會讓你最後在他心中原本還有美好的那一面都消失喔~~~(因為目前他還可以理解你是因為失戀而失去理智而任性)，最壞的情況，是他會連原本的你都討厭就不好了，所以，再好好想想吧

機會是一定有的，只是目前感覺很像麻吉的感覺，你可能要多讓他對你產生興趣或者依賴的感覺才行，別貿然告白，失敗的機率就變大了

放棄，是決定不再愛他，讓他從你生命消失，即使他在回頭找你，你也不會在心動，從此判若兩人，更厲害的可以當個單純的朋友，但大多數人誤解了放棄，結果後來還是糾纏不清

放下，就像是保留還愛他的心，但是因為緣份不夠，個性還不適合，所以可以延後在試試看，所以1年後，2年後，甚至將來再說，先把他放到第二順位去，之後再說的意思

其實雖然是妳追她，但我相信現在他已經喜歡上你了long distance的愛情大多是凶多吉少，一個電話沒電，網路不順，都能導致兩人分手，維持親密度更是短而困難，我的建議是，因為兩人還為提出交往的話，那就別提，保持著知吧然後彼此想念的感覺最好，到外國的妳，更能每天有新鮮事讓他和妳一起分享，多少可以曖昧，但帶有一點無奈開玩笑說將來迴臺灣再說的帶過，這樣你在他心中會是很重要的心靈依靠，若是因為衝動或者因為寂寞而已經提出交往的話，我的建議是絕對不要想要挑戰時差，比如說每次都約好幾點幾點說電話之類的，因為兩邊的生活步調不同，現在互相瞭解的心會因此而慢慢出現代溝，所以請隨便不拘束的方式交往，我的意思是一樣和他分享你生活點滴，但別去設定他的生活和時間，也別讓自己說出承諾，比如說什麼我待會會打給你叫你起床之類的，這樣才能維持好的狀態到一年之後

我並不了解你們的故事，無法真正給你什麼建議，但從旁觀者來看，你的執著之前對他和你自己都沒有幫助，所以偏向了一廂情願了，那之後的執著若還是沒辦法讓自己學習到什麼的話，那就是一種不好的等待

清楚自己的想法才是最重要的喔，一定要先確定自己是否還要繼續喜歡著他喔.

別擔心，他喜歡你的，你可以主動點，做好自己，和他聊多一些，畢竟最真實的相處，才能走的長長久久，加油

遠距離本來困難度就比較高，而且認真程度低，如果已經是在一起後而遠距離，還有繼續下去的機會，但如果一開始就遠距離，機會的確很小，我的建議是，還是放開心，別執著，畢竟真的成功了，遠距離還是一條不歸路，要強求緣份和生活的配合，不容易喔

其實我從來沒說過要你忘記他阿~~ 我的重點是，放下他，接受新的對象，或者讓自己改變，讓自己更好之類的，之後讓時間來給你答案而已，因為說不定他明年，後年看到改變後的你，再回頭來追你也說不定，所以不是忘記他，因為你刻意忘記，反而更忘不了，所以只是放下，暫時先接受和他分手的事實

從這次你的說法，其實我覺得你是喜歡他的呢，因此我們讓你的想法簡單化一點，因為上一篇主要是要你配確定好配有沒有喜歡他，然後要不要和他繼續 現在如果覺得有喜歡他，那就剩下一個彼此相處模式的磨合而已了，因此非常贊同你最後的那個決定，好好和他談一下，不管如何，你都要和他談你的想法，你對他的想法，你希望的想法 其實，像這樣的男生，你也不用怕他忙，因為他的個性是會付出的那種，就更希望能在愛情這方面有肯定有安穩，自然他會一切順利，也代表其實在某一些方面他有不安全感，才會感情豐富，才會多采多姿，才會不習慣比較冷淡的方式相處. 因此我會建議，如果你確定好要繼續和他下去看看，(當然不說什麼承諾，前提是讓兩人相處的模式更自然)，你要讓他安心，你要讓他也許你比較沒有這麼像他那麼浪漫，但是他一點一滴每次都在你心中越來越重要之類的（當然，你配衡量你希望到達的階段），我想其實你要你給他一點甜蜜，他會高興得半死的.

其實女生還是要有自我喔，他不理你是他的損失，你值得更好的喔

一樣的老話，就是還是先放著，因為現在的他並不會馬上就喜歡回來，所以，只是一種比朋友多一點的關心，但如果你直接就掉進去了，你到時後還是一樣會難過的喔

堅持固然重要，但是要確定是否他值得你長期奮鬥哦~~但如果確定他就是你的白馬王子，自然堅持追求自己所愛是一定要努力的，但是如果有任何會傷到自己的自尊，感情，甚至要犧牲自己的事業，友情，親情或者經濟的地方，那你就要跳得出來好好重新評估一下他是否值得你繼續努力哦

成熟都是痛過經歷過才知道以後怎麼處理自己的情緒，也是一種淡淡的無奈

每次的愛情，都是緣份，都是功課，是為了讓自己成長，將來越懂自己，就會更了解自己的另一半，對自己好就是愛自己，愛自己後才會知道怎麼拿捏和掌握愛情

雖然不是說天底下的男孩子都是這樣，但的確有時候男生的童心比較重，有時候壓力來了，還是會逃避，如果你在那個時候還正好給他太多改變的壓力，他自然會越走越遠。其實男生期待的也只是能夠支持他想法和做法，甚至欣賞，崇拜他的另一半，試著別做他的第二個媽媽。

說真的，愛他並不是要改變他喔，我雖然不一定真的能夠證明愛是什麼，畢竟這個字是人類歷史以來最難掌握的字眼，但的確有一些基本道理和做法存在：首先要先判斷你對他到底是激情還是愛情，是寵物愛還是依賴而已。愛情，很多時候是從彼此的相識，熟識之後（往往到這裏都還會是激情），而之後若撇開激情，在平常日常生活，要面對距離，學業，事業等，人生十字路口的時候，是否都還願意陪伴，甚至一起克服，一起度過，若真的是，才算是進入了愛情的第一步第二步而已。所以現在你煩惱的，其實都還是在最一開始的階段。如果就已經想要改變他了，自然他離開的機會會變大，他會覺得他不一定要走下去。思考看看，看是否你能先別要求這麼高，畢竟你喜歡他，不就是一開始他的個性吸引你了嗎？　除非…你是被他的外表吸引而已（開玩笑的）

兩個人的結合，其實是互補，如果今天你和他可以互相欣賞彼此優點，將兩個人能夠互相扶持幫忙的地方結合，而不是兩個互相挑剔彼此的弱點，我相信你們會有更完美的結局。

不是有這樣的說法嗎？　人一生當中至少要碰到三種人：愛你的人，你愛的人和可以在一起的人，現在的他是你愛的人，但或許還缺少二個元素，你愛的人和在一起的人，所以考慮一下吧，別強求。

真正的寂寞

是沒有人陪?
還是隨便找個人陪?

那我是因為愛你呢?
還是我只是想要你陪我?

AKAK9

5張牌 / 黑桃A開頭

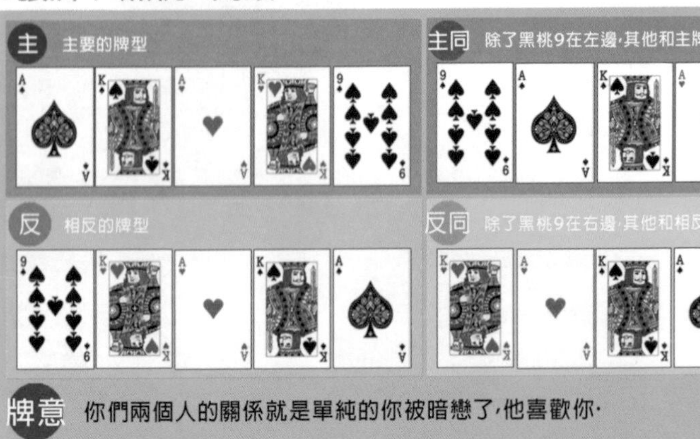

主 主要的牌型

主同 除了黑桃9在左邊,其他和主牌一樣

反 相反的牌型

反同 除了黑桃9在右邊,其他和相反的牌型一樣

牌意 你們兩個人的關係就是單純的你被暗戀了,他喜歡你.

主 主要的牌型

主同 除了黑桃9在左邊,其他和主牌一樣

反 相反的牌型

反同 除了黑桃9在右邊,其他和相反的牌型一樣

牌意 你們兩個的關係就像是同學或同事而已,或許常見到但沒有太多內心波動.

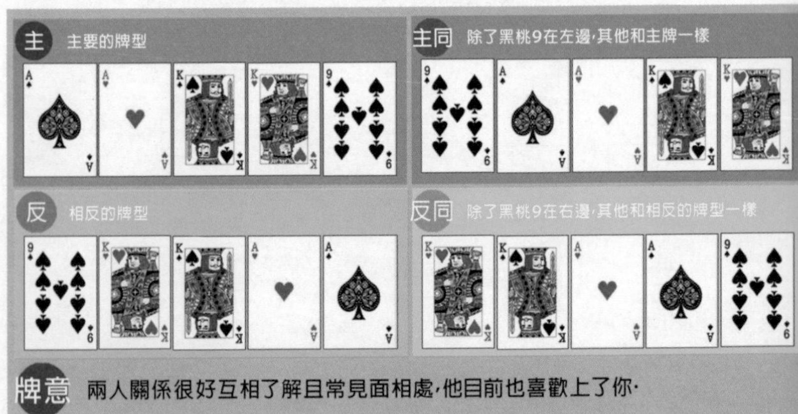

主 主要的牌型

主同 除了黑桃9在左邊,其他和主牌一樣

反 相反的牌型

反同 除了黑桃9在右邊,其他和相反的牌型一樣

牌意 兩人關係很好互相了解且常見面相處,他目前也喜歡上了你.

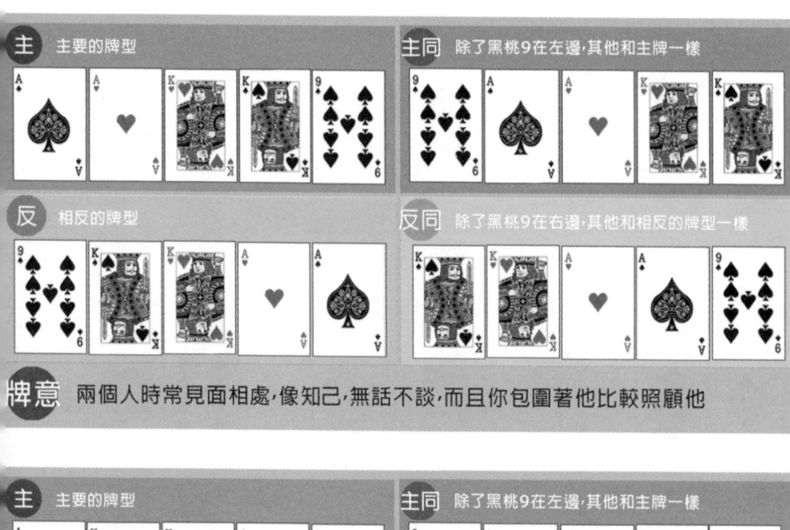
主 主要的牌型
主同 除了黑桃9在左邊,其他和主牌一樣
反 相反的牌型
反同 除了黑桃9在右邊,其他和相反的牌型一樣
牌意 兩個人時常見面相處,像知己,無話不談,而且你包圍著他比較照顧他

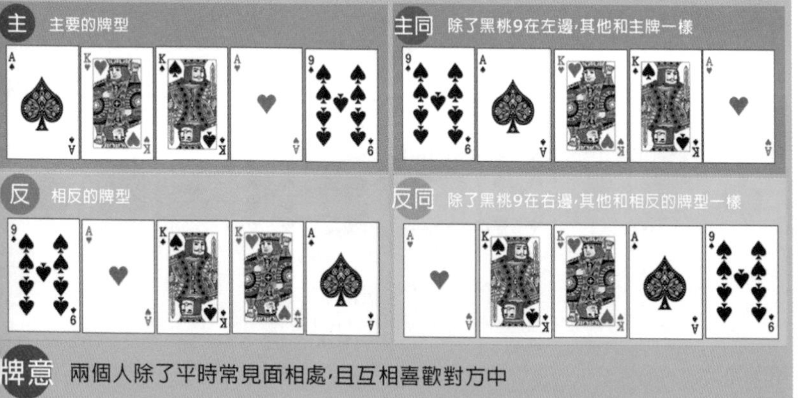
主 主要的牌型
主同 除了黑桃9在左邊,其他和主牌一樣
反 相反的牌型
反同 除了黑桃9在右邊,其他和相反的牌型一樣
牌意 兩個人除了平時常見面相處,且互相喜歡對方中

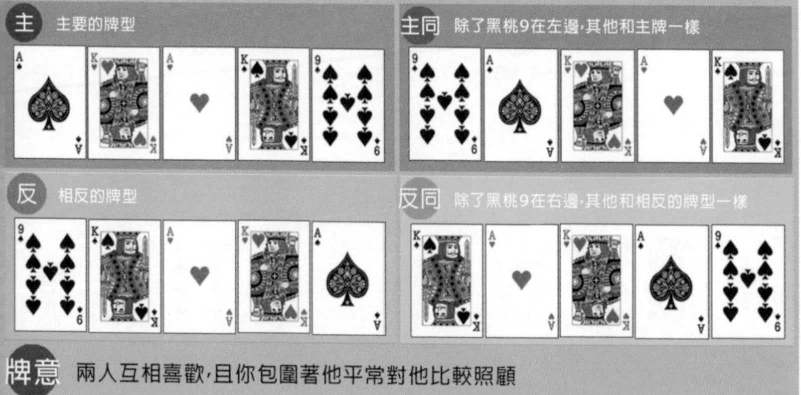
主 主要的牌型
主同 除了黑桃9在左邊,其他和主牌一樣
反 相反的牌型
反同 除了黑桃9在右邊,其他和相反的牌型一樣
牌意 兩人互相喜歡,且你包圍著他平常對他比較照顧

牌意 他喜歡你，不過或許對於他喜歡你，你有點壓力，或著你的確有其他壓力要面對

牌意 你被他討厭了，他不喜歡你，或許是對於你的某方面的外表或個性有意見

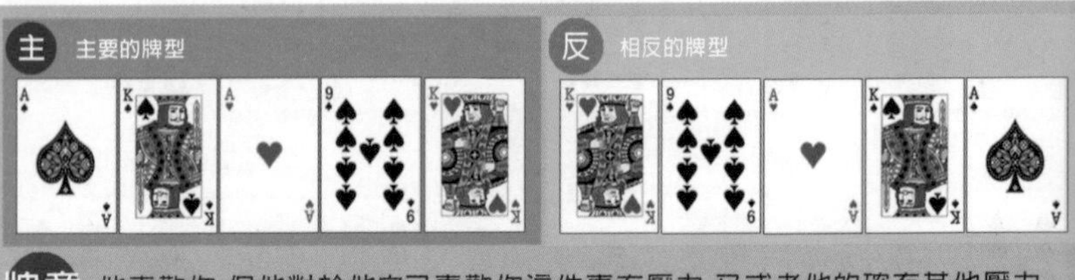

牌意 他喜歡你，但他對於他自己喜歡你這件事有壓力，又或者他的確有其他壓力

牌意 兩個人關係就像同學同事，而目前你自己有很大的壓力在困擾著你

牌意 兩個人其實像是陌生人，人和人也不常見面聯絡，各自有各自的生活。

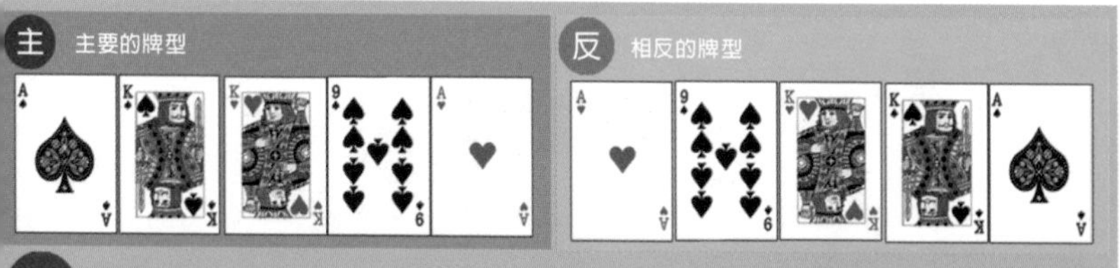

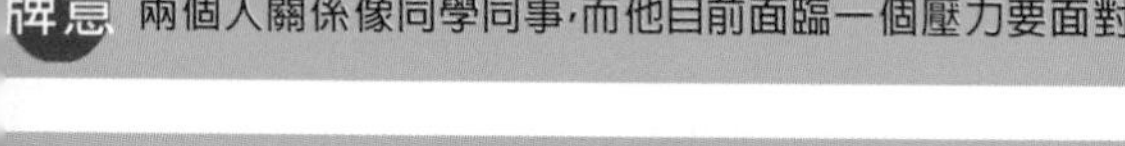

牌意 兩個人關係像同學同事，而他目前面臨一個壓力要面對。

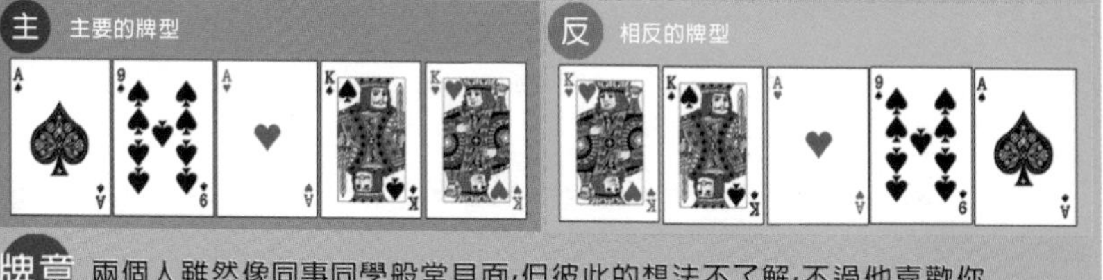

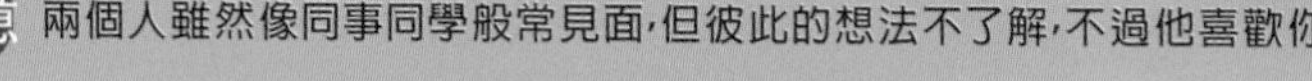

牌意 兩個人雖然像同事同學般常見面，但彼此的想法不了解，不過他喜歡你

牌意 兩個人互相了解像好朋友，也常相處，但他一定對你的某方面外表或個性討厭。

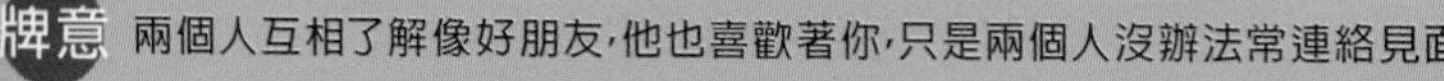

牌意 兩個人互相了解像好朋友，他也喜歡著你，只是兩個人沒辦法常連絡見面

牌意 兩個人像是純同學或同事，雖常見面連絡，但彼此想法不太熟悉

牌意 兩人是非常好的朋友，常見面也互相了解，但他目前有極大的壓力要面對．

牌意 兩人是無話不談彼此了解的好朋友，但目前比較難見面相處．

牌意 兩人雖然常見面相處，但他喜歡你，你卻不喜歡他，有時候會是某個點被你討厭

牌意 兩人互相喜歡，但卻因很多現實阻礙兩人不能常見面相處．

牌意 你喜歡他，兩人也常見面相處，但他不喜歡你

牌意 對方喜歡你，但你卻不喜歡對方

牌意 你們互相喜歡，但他可能對於彼此的關係有壓力，或著外在壓力在煩惱著他

牌意 你喜歡他，但他不喜歡你

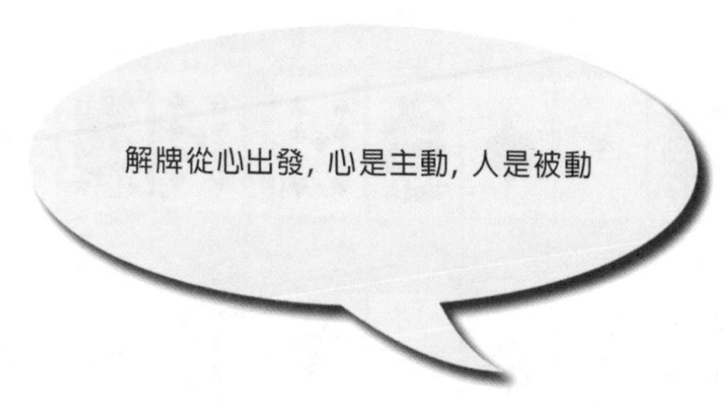

5張牌 / 黑桃K開頭

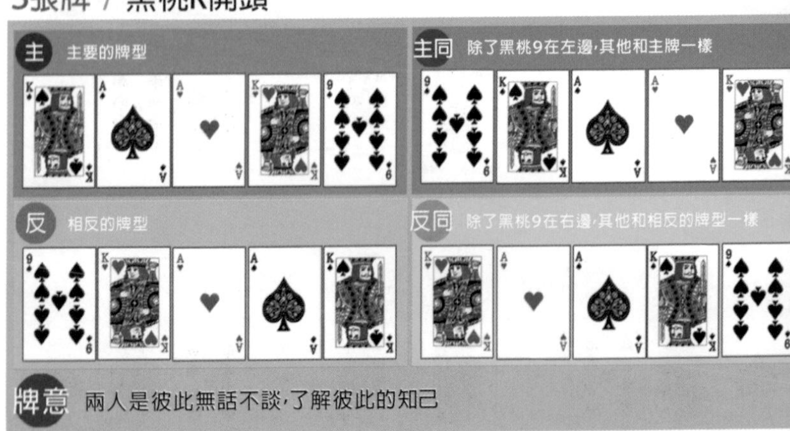

牌意 兩人是彼此無話不談,了解彼此的知己

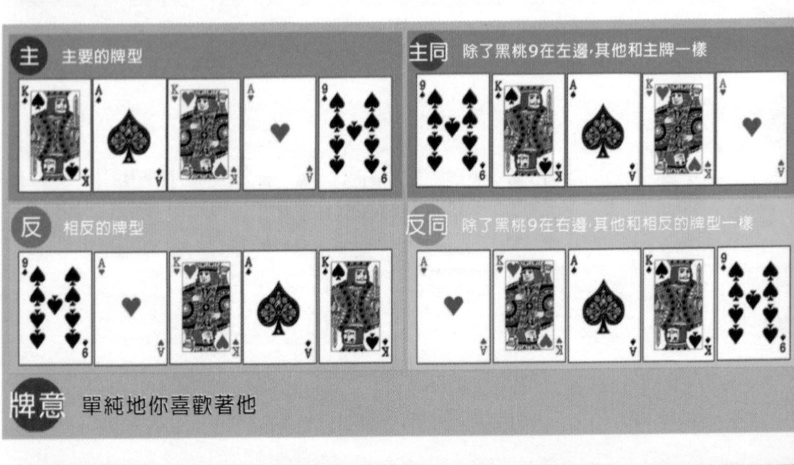

牌意 單純地你喜歡著他

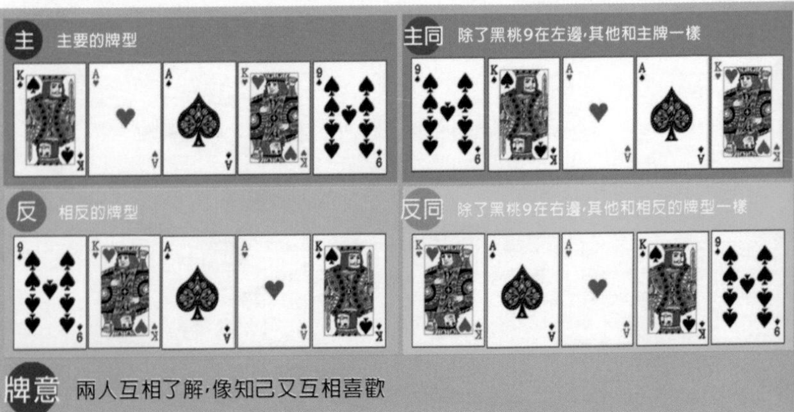

牌意 兩人互相了解,像知己又互相喜歡

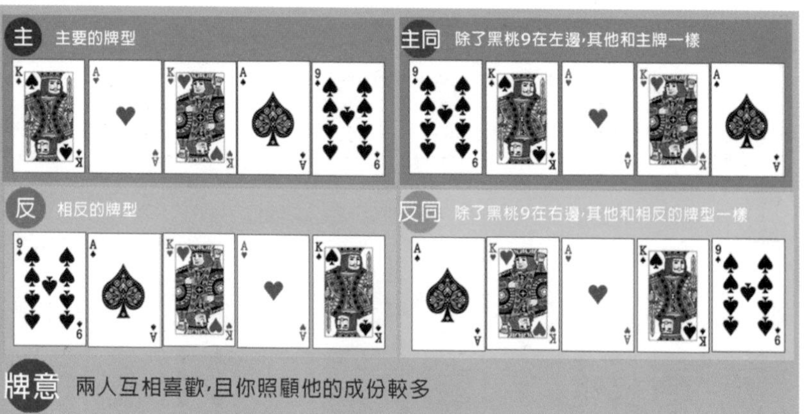
主 主要的牌型
主同 除了黑桃9在左邊,其他和主牌一樣
反 相反的牌型
反同 除了黑桃9在右邊,其他和相反的牌型一樣
牌意 兩人互相喜歡,且你照顧他的成份較多

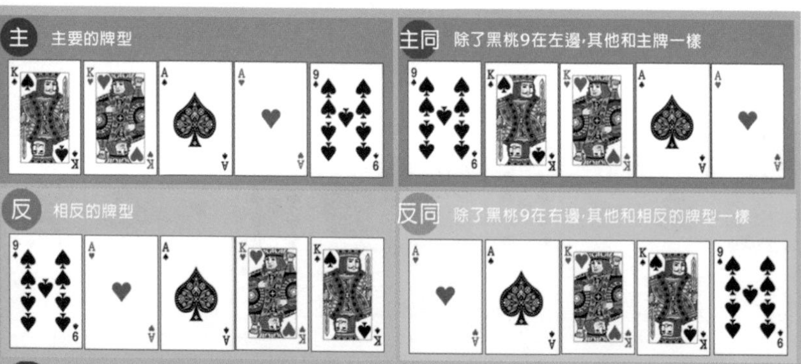
主 主要的牌型
主同 除了黑桃9在左邊,其他和主牌一樣
反 相反的牌型
反同 除了黑桃9在右邊,其他和相反的牌型一樣
牌意 彼此常見面相處,也互相了解像好朋友,且你喜歡他

主 主要的牌型
主同 除了黑桃9在左邊,其他和主牌一樣
反 相反的牌型
反同 除了黑桃9在右邊,其他和相反的牌型一樣
牌意 兩人平常常見面連絡,彼此也互相了解像好朋友,且你照顧他成分多

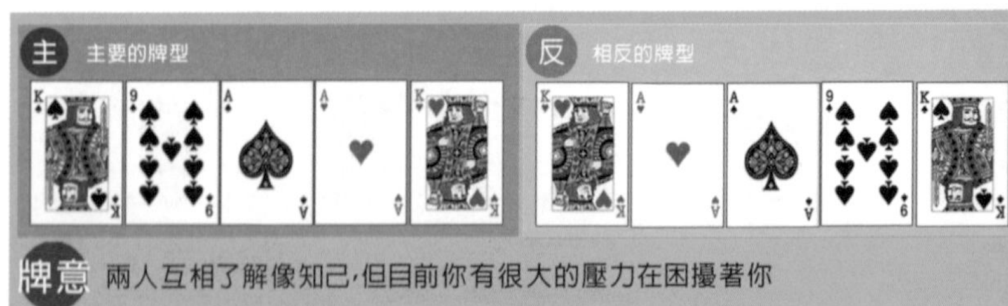

牌意 兩人互相了解像知己，但目前你有很大的壓力在困擾著你

牌意 完全的陌生人的感覺，彼此有各自的生活且互相不了解對方的想法

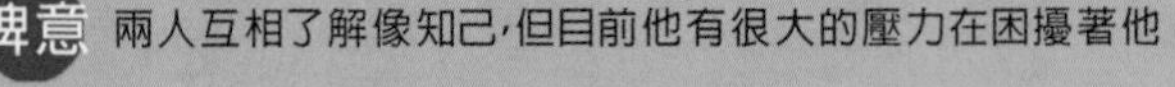

牌意 兩人互相了解像知己，但目前他有很大的壓力在困擾著他

牌意 你喜歡他，但你備感壓力，或著有外在的壓力在困擾著你

牌意 你不喜歡他，又或者你對他的某方面有挑剔

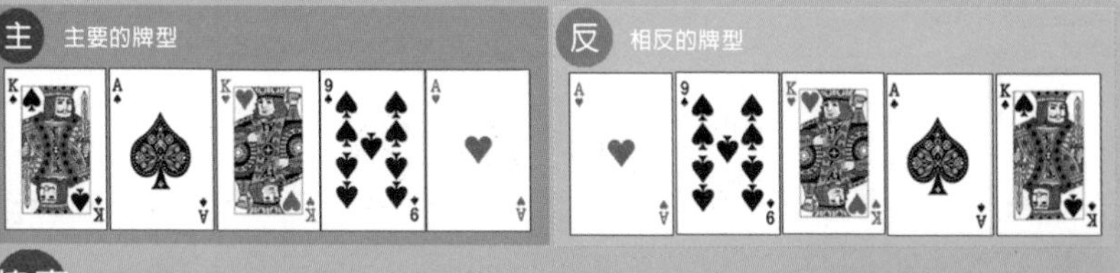

牌意 你喜歡他，他或許因為你喜歡他而感到壓力，又或者有外在壓力困擾著他

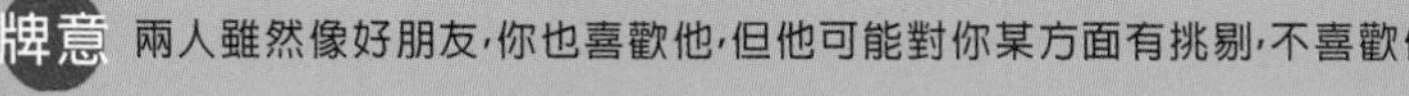
牌意 兩人雖然像好朋友，你也喜歡他，但他可能對你某方面有挑剔，不喜歡你

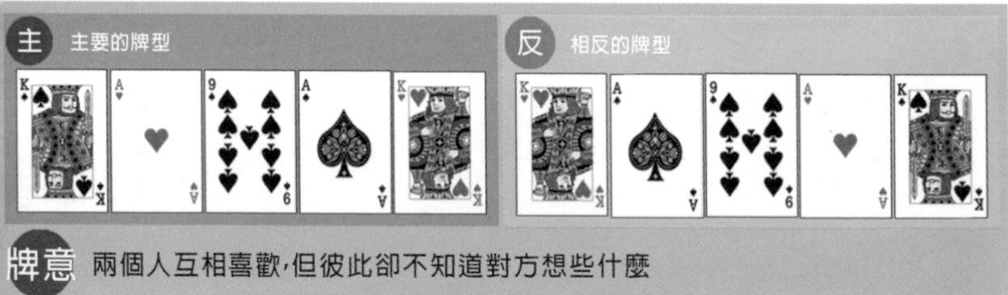

牌意 兩個人互相喜歡，但彼此卻不知道對方想些什麼

牌意 兩人雖然像好朋友，他也喜歡你，但你可能對你某方面有挑剔，不喜歡他

牌意 你喜歡他，他不喜歡你

牌意 雖互相喜歡，但對方對彼此的感情有壓力，或是外在壓力正困擾著他

牌意 他喜歡你，你不喜歡他

牌意 你們兩個互相了解，好朋友，且你喜歡著他，但和他不能常見面連絡

牌意 兩人無話不談互相了解，且時常見面相處，但他有某些地方讓你不喜歡他

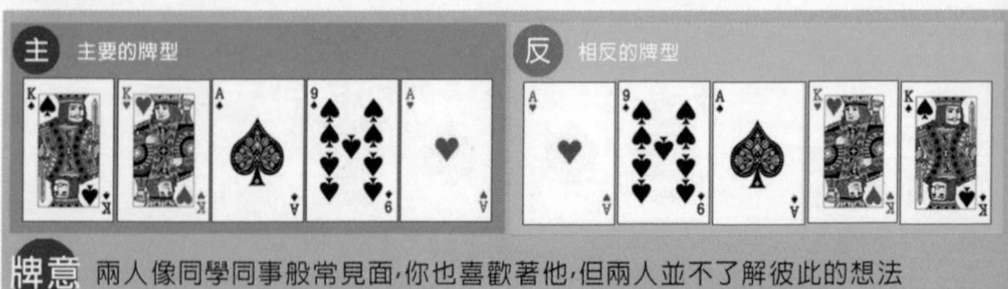

牌意 兩人像同學同事般常見面，你也喜歡著他，但兩人並不了解彼此的想法

牌意 兩人是平常難聯絡見面的知心朋友

牌意 兩人想法相同彼此了解，平時也常見面連絡，但他心中有外在壓力在困擾著他

牌意 兩人雖然常相處，像同學同事，但彼此不了解對方的想法

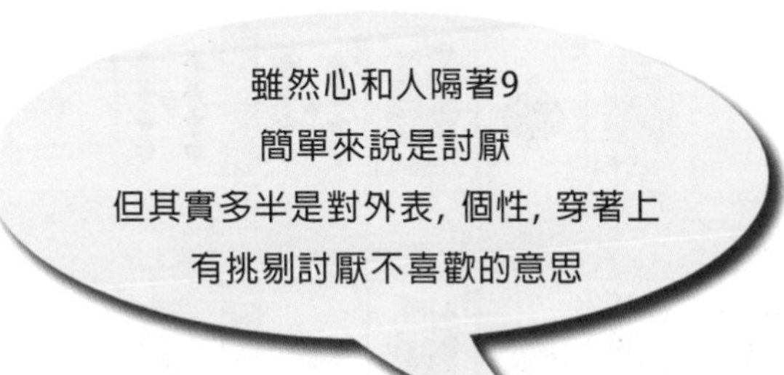

5張牌 / 紅心A開頭

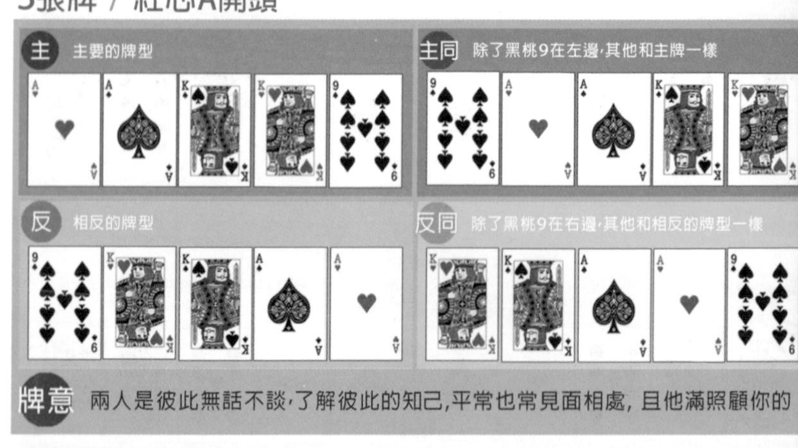

牌意 兩人是彼此無話不談,了解彼此的知己,平常也常見面相處,且他滿照顧你的

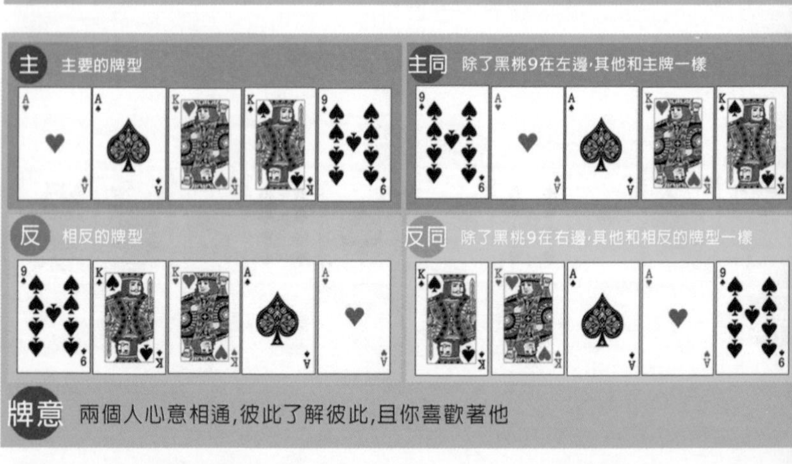

牌意 兩個人心意相通,彼此了解彼此,且你喜歡著他

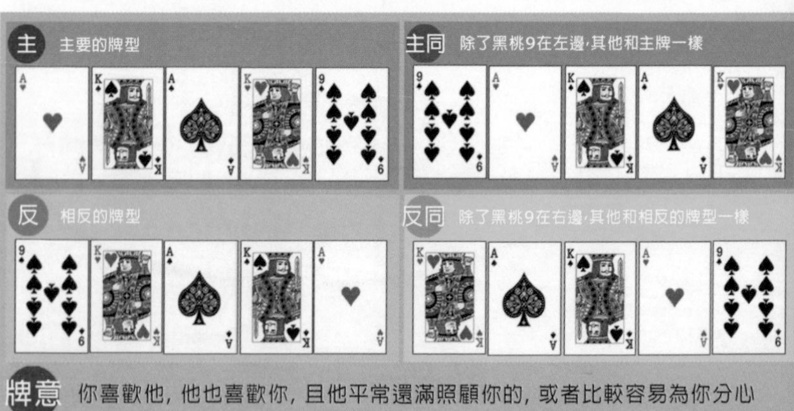

牌意 你喜歡他, 他也喜歡你, 且他平常還滿照顧你的, 或者比較容易為你分心

牌意 兩人互相喜歡，平常也像同學同事般常見面連絡

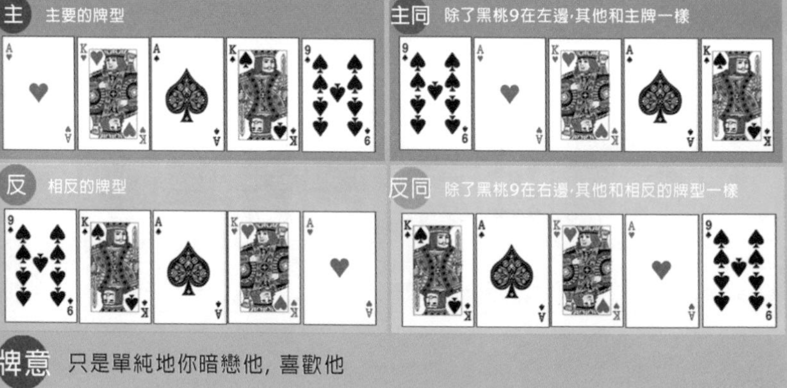

牌意 只是單純地你暗戀他，喜歡他

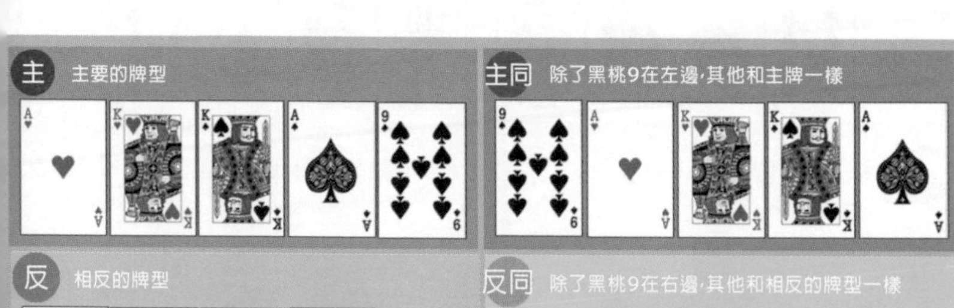

牌意 兩人只是像同學或同事般常見面連絡而已

牌意 兩人只像同學同事般常見面相處，但彼此互相不了解彼此的想法,難溝通

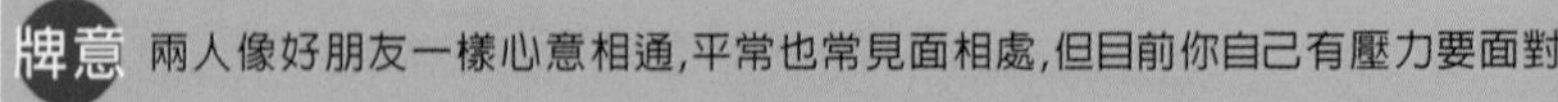

牌意 兩人像好朋友一樣心意相通,平常也常見面相處,但目前你自己有壓力要面對

牌意 兩人是難見面相處的知己

牌意 兩人雖然像同學同事般常見面相處,且你喜歡他,但彼此並不瞭解對方的想法

牌意 兩人常見面相處也互相了解沒代溝,但你可能對他的外表或某方面有意見

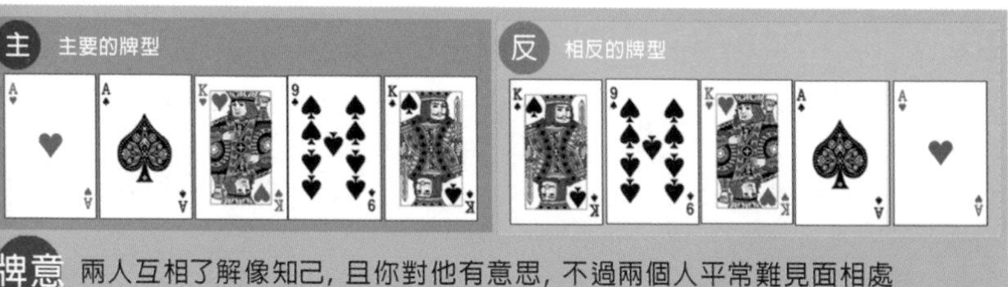

牌意 兩人互相了解像知己，且你對他有意思，不過兩個人平常難見面相處

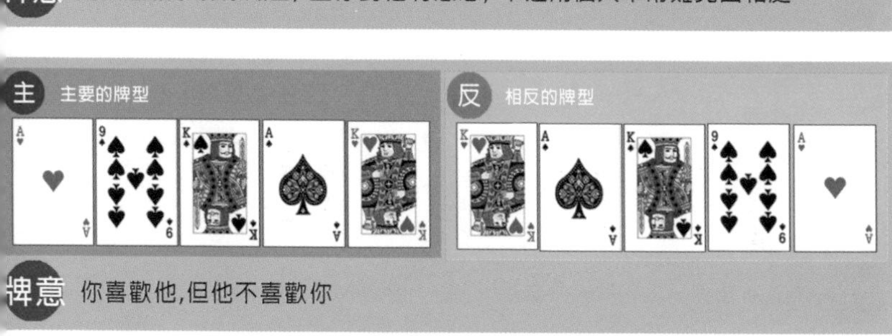

牌意 你喜歡他,但他不喜歡你

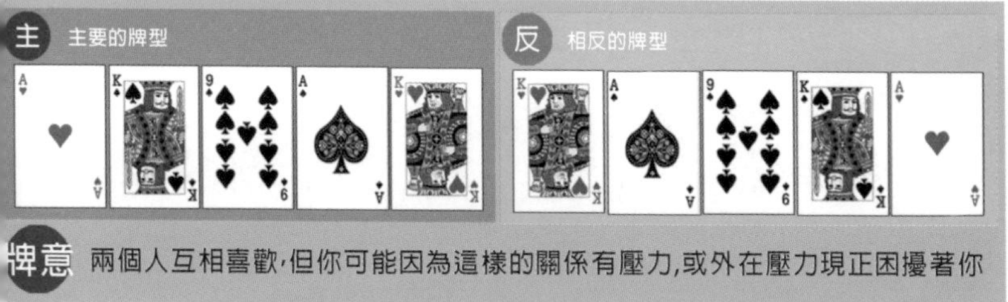

牌意 兩個人互相喜歡，但你可能因為這樣的關係有壓力,或外在壓力現正困擾著你

牌意 他喜歡你,但你不喜歡他

牌意 你喜歡他，他不喜歡你

牌意 兩人互相喜歡,但很難見面相處

牌意 兩人常見面相處像同學同事,且他喜歡你,但你不喜歡他

牌意 你喜歡他,他可能對於這件事情有壓力,或有外在壓力在困擾著他

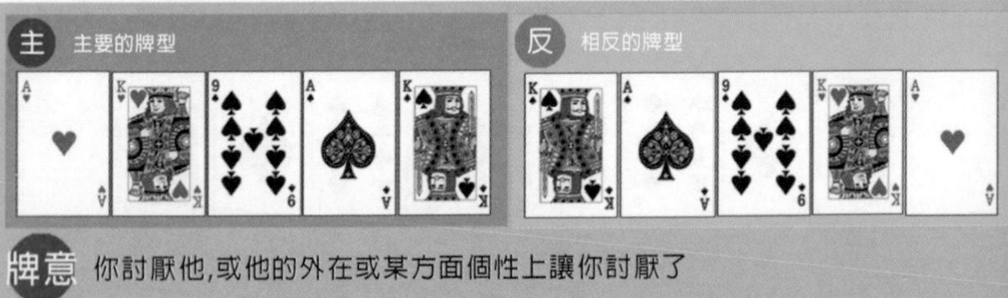

牌意 你討厭他,或他的外在或某方面個性上讓你討厭了

牌意 你喜歡他,且你壓力很大或者沒有自信,又或者的確有外在壓力困擾著你

兩人感覺只是同學同事般的相處,且他目前面臨很大的外在壓力要處理

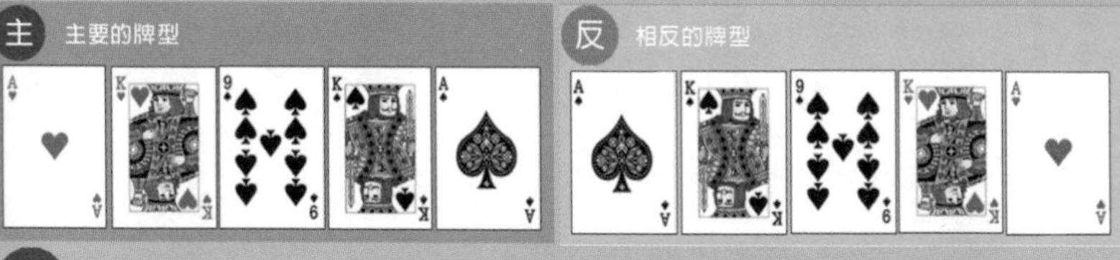

牌意 兩人像是陌生人,彼此有彼此各自的生活,平常也難相處見面

兩人感覺只是同學同事般的相處,且你目前面臨很大的外在壓力要處理

牌如果出現障礙在中間
先判斷是否是你和他關係上的障礙
如果不是,才是外在因素的障礙

5張牌 / 紅心K開頭

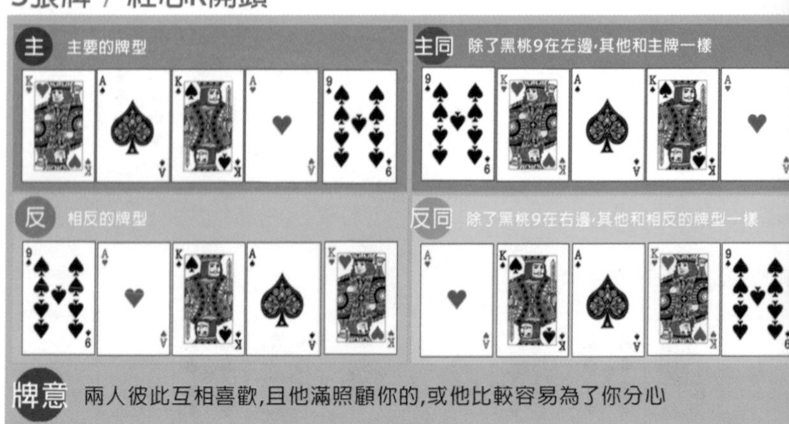

牌意 兩人彼此互相喜歡,且他滿照顧你的,或他比較容易為了你分心

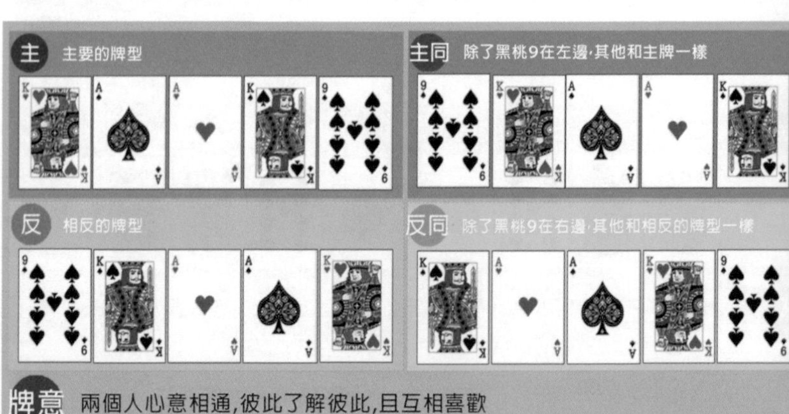

牌意 兩個人心意相通,彼此了解彼此,且互相喜歡

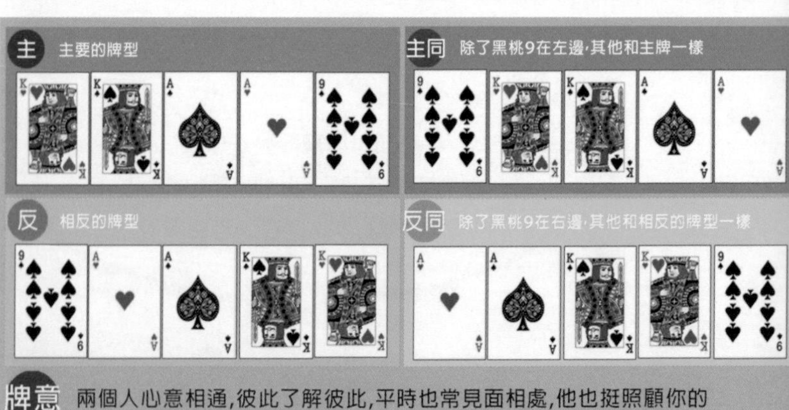

牌意 兩個人心意相通,彼此了解彼此,平時也常見面相處,他也挺照顧你的

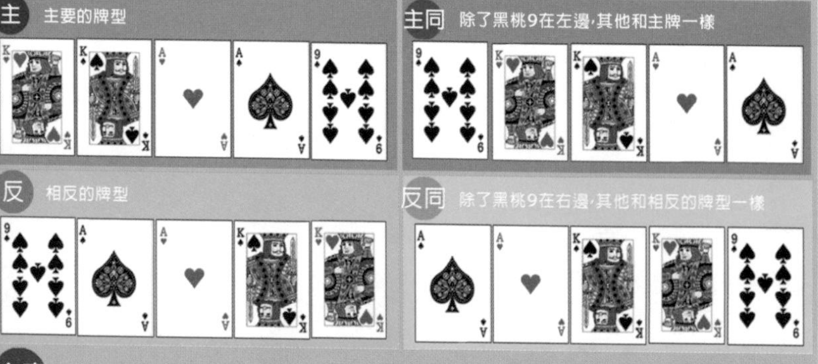

牌意 兩人互相了解對方,彼此交心,也常見面相處,且他喜歡你

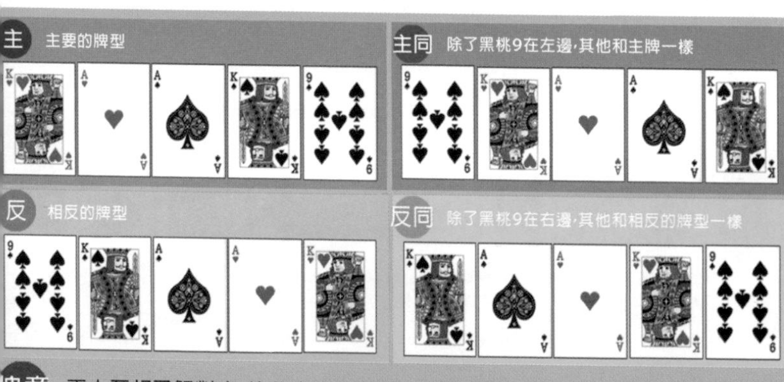

牌意 兩人互相了解對方,彼此交心,好朋友知己的感覺.

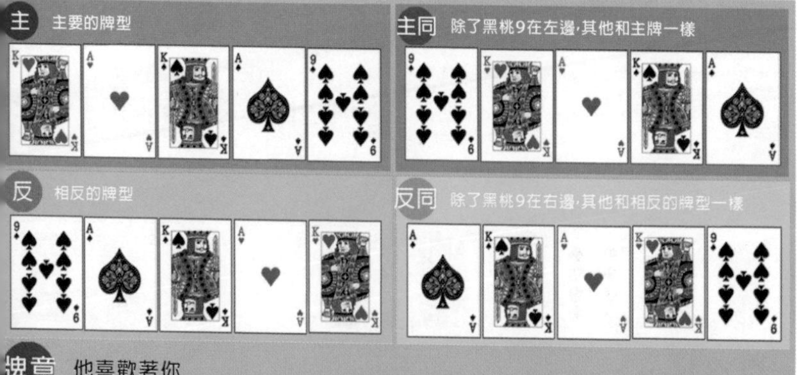

牌意 他喜歡著你

牌意 他喜歡你,但你不喜歡他,或許你對他的外表或某方面有討厭

牌意 兩人互相喜歡,但你對這樣的關係有點壓力,或你有外在壓力在困擾著你

牌意 你喜歡著他,但他卻不喜歡你

牌意 兩人互相了解想法一致像好朋友,他也喜歡著你,你卻因某種原因不喜歡他

牌意 雖兩人想法不相同,有代溝,但彼此互相喜歡

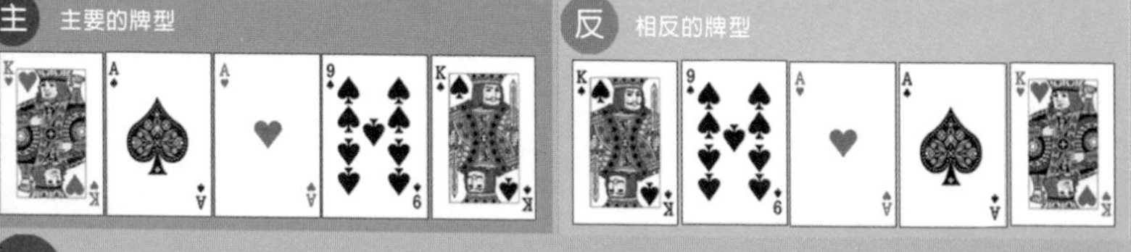

牌意 兩人互相了解像知己，且你對他有意思，不過他可能某方面挑剔你

牌意 兩人像是平常很難見到面的知己

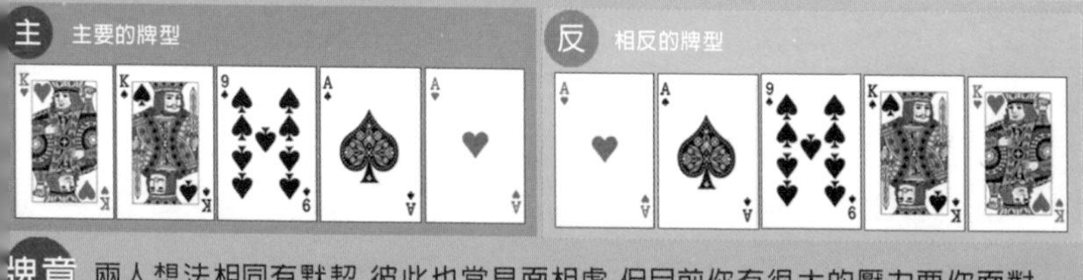

牌意 兩人想法相同有默契,彼此也常見面相處,但目前你有很大的壓力要你面對

牌意 兩人雖像同學同事般常見面相處,但彼此不明白對方的想法,有代溝

牌意 兩人像是難見面的知己,且他還喜歡著你

牌意 兩人想法一致互相了解有默契,但他對你的外在或個性某個地方不喜歡

牌意 兩人常見面相處像同學同事,且他喜歡你,只是你們兩個的想法並不了解對方

牌意 兩個人想法類似有默契,無話不談像知己,只是目前他有壓力在困擾著他

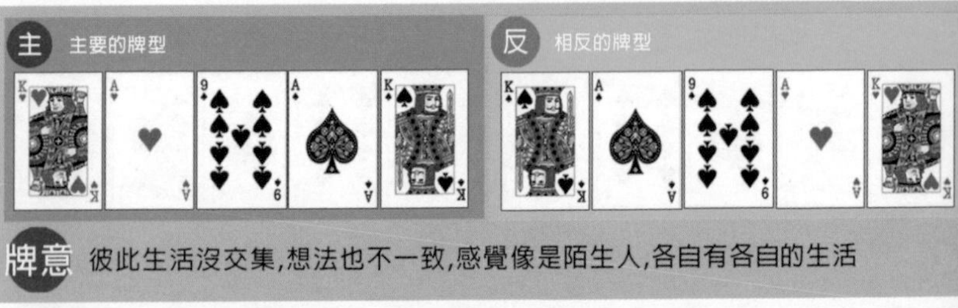

牌意 彼此生活沒交集,想法也不一致,感覺像是陌生人,各自有各自的生活

牌意 兩個人想法類似有默契,無話不談像知己,只是目前你自己有壓力在困擾著你

他喜歡你,甚至可能有不敢和你說的壓力,或目前的確有外在壓力困擾著他

你單純地被他討厭了

他喜歡著你,你或許對這件事感到壓力,或目前的確有外在壓力在困擾著你

心和心靠在一起,
不是互相喜歡,而是彼此想法互相了解
你講的笑話他懂,他的一舉一動你懂
甚至也是無話不談的感覺

6張牌 / 黑桃A開頭+其他黑色牌

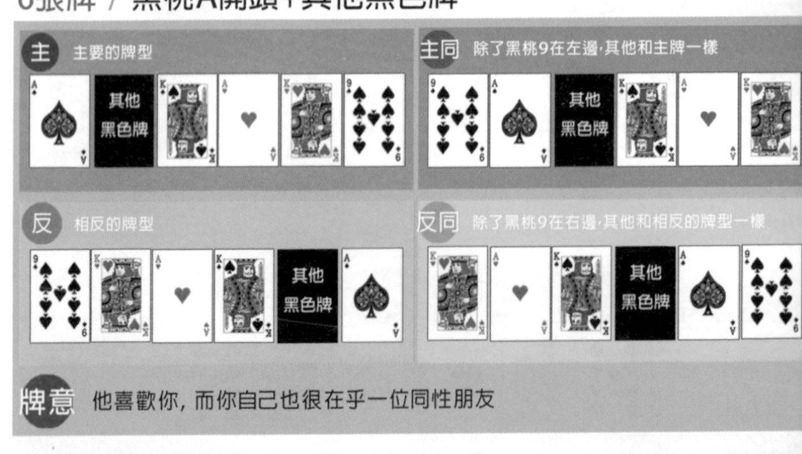

牌意 他喜歡你,而你自己也很在乎一位同性朋友

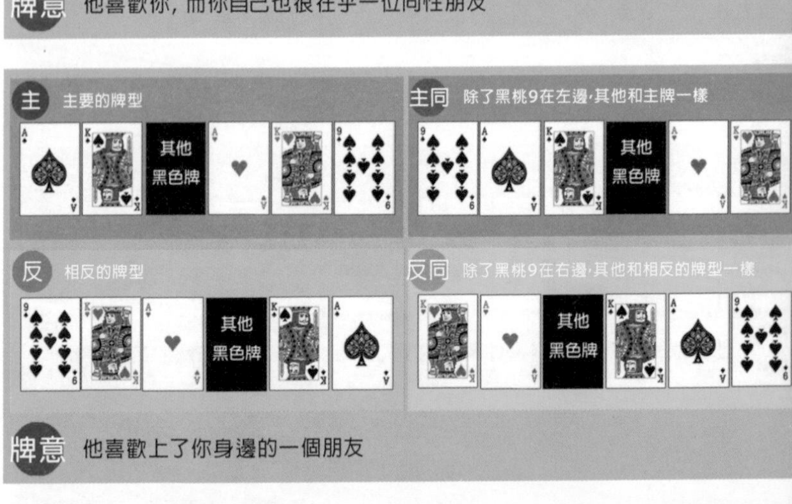

牌意 他喜歡上了你身邊的一個朋友

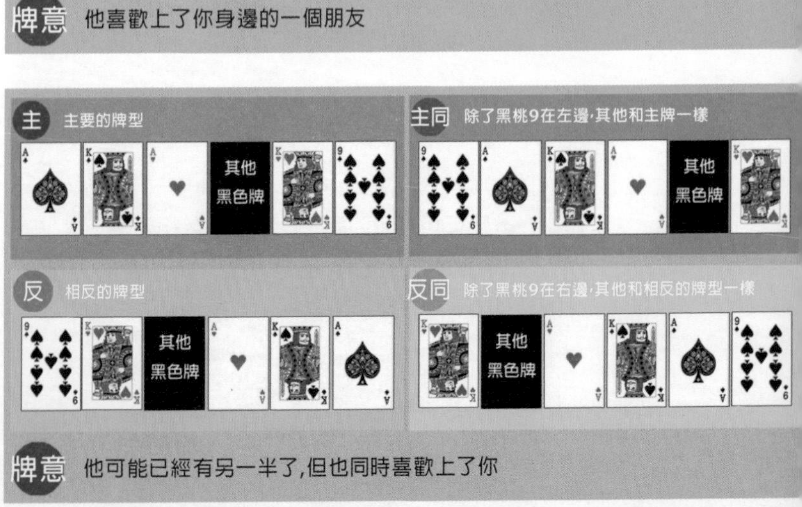

牌意 他可能已經有另一半了,但也同時喜歡上了你

主 主要的牌型

其他黑色牌

主同 除了黑桃9在左邊,其他和主牌一樣

其他黑色牌

反 相反的牌型

其他黑色牌

反同 除了黑桃9在右邊,其他和相反的牌型一樣

其他黑色牌

牌意 你和他像同學或同事常見面相處而已,但你目前比較在乎另一位同性朋友

主 主要的牌型

其他黑色牌

主同 除了黑桃9在左邊,其他和主牌一樣

其他黑色牌

反 相反的牌型

其他黑色牌

反同 除了黑桃9在右邊,其他和相反的牌型一樣

其他黑色牌

牌意 你身旁的一位朋友也喜歡著他

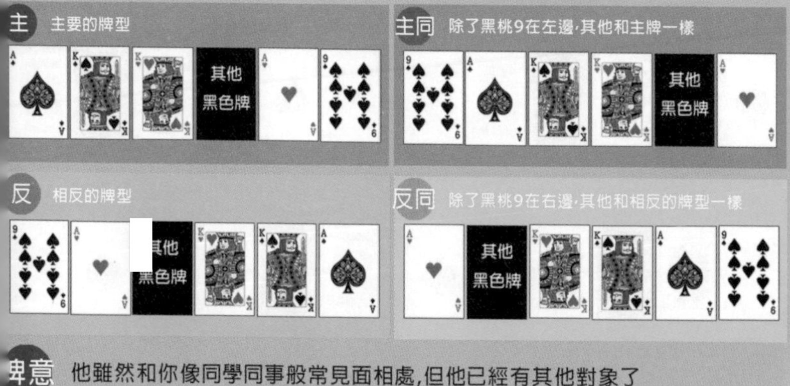

牌意 他雖然和你像同學同事般常見面相處,但他已經有其他對象了

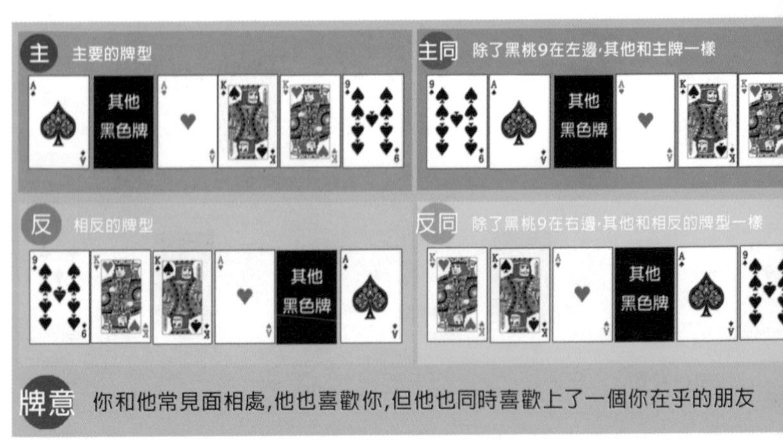
主 主要的牌型
其他
黑色牌
主同 除了黑桃9在左邊,其他和主牌一樣
其他
黑色牌
反 相反的牌型
其他
黑色牌
反同 除了黑桃9在右邊,其他和相反的牌型一樣
其他
黑色牌
牌意 你和他常見面相處,他也喜歡你,但他也同時喜歡上了一個你在乎的朋友

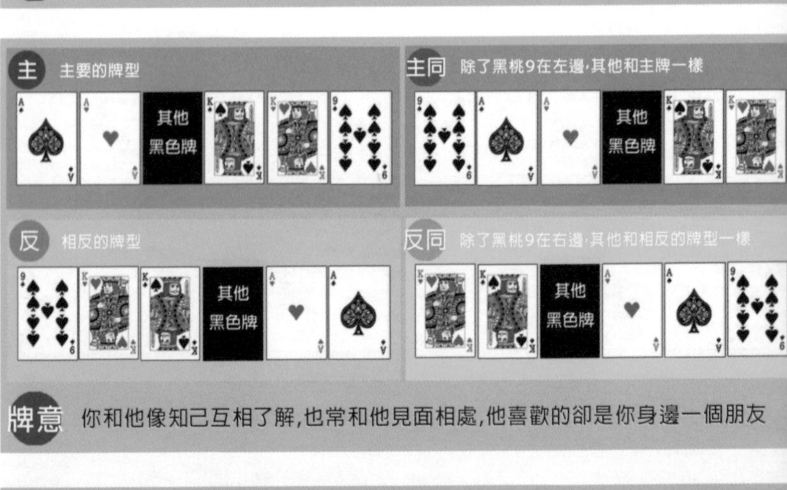
主 主要的牌型
其他
黑色牌
主同 除了黑桃9在左邊,其他和主牌一樣
其他
黑色牌
反 相反的牌型
其他
黑色牌
反同 除了黑桃9在右邊,其他和相反的牌型一樣
其他
黑色牌
牌意 你和他像知己互相了解,也常和他見面相處,他喜歡的卻是你身邊一個朋友

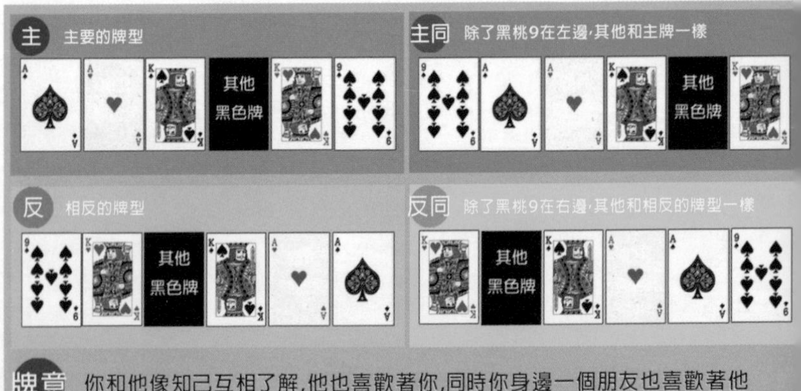
主 主要的牌型
其他
黑色牌
主同 除了黑桃9在左邊,其他和主牌一樣
其他
黑色牌
反 相反的牌型
其他
黑色牌
反同 除了黑桃9在右邊,其他和相反的牌型一樣
其他
黑色牌
牌意 你和他像知己互相了解,他也喜歡著你,同時你身邊一個朋友也喜歡著他

主 主要的牌型

主同 除了黑桃9在左邊,其他和主牌一樣

反 相反的牌型

反同 除了黑桃9在右邊,其他和相反的牌型一樣

牌意 你和他像同學同事般常見面相處,他喜歡的是你很在乎的一個朋友

主 主要的牌型

主同 除了黑桃9在左邊,其他和主牌一樣

反 相反的牌型

反同 除了黑桃9在右邊,其他和相反的牌型一樣

牌意 兩人想法一致有默契像知己,平時也常見面相處,但對方已經有另一半了

主 主要的牌型

主同 除了黑桃9在左邊,其他和主牌一樣

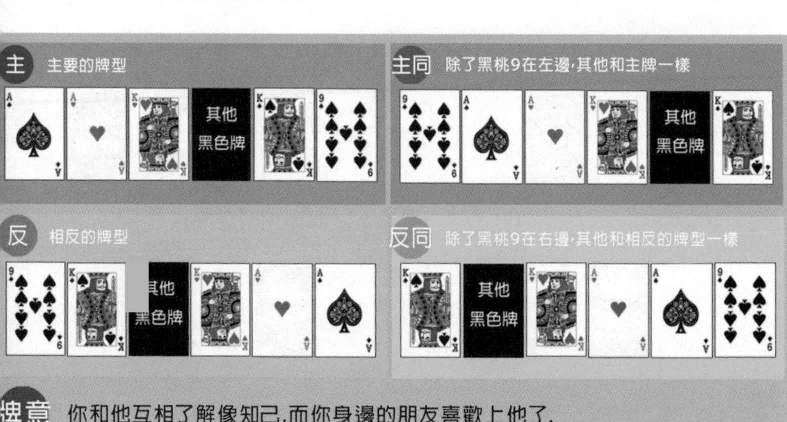

反 相反的牌型

反同 除了黑桃9在右邊,其他和相反的牌型一樣

牌意 你和他互相了解像知己,而你身邊的朋友喜歡上他了.

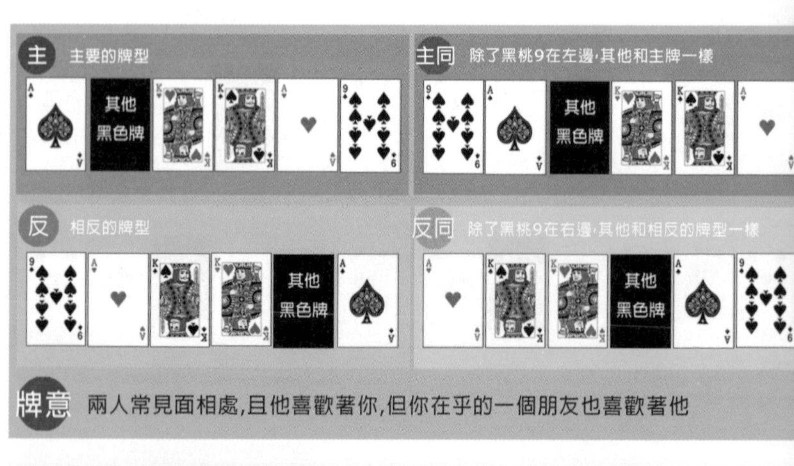

牌意 兩人常見面相處，且他喜歡著你，但你在乎的一個朋友也喜歡著他

牌意 你們互相喜歡，但同時你身邊一個朋友也喜歡著他

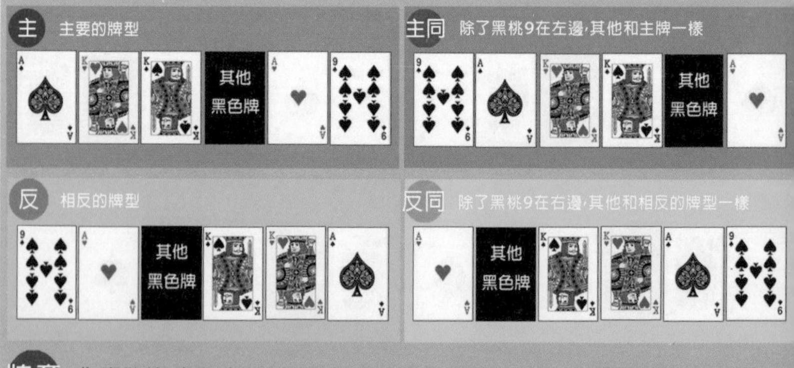

牌意 你喜歡他，也和他常見面相處，但他喜歡的是你身邊的某位朋友

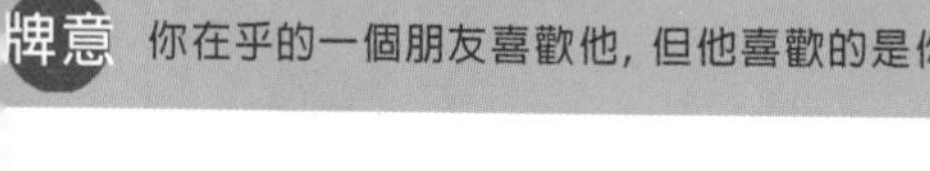

牌意 你在乎的一個朋友喜歡他，但他喜歡的是你

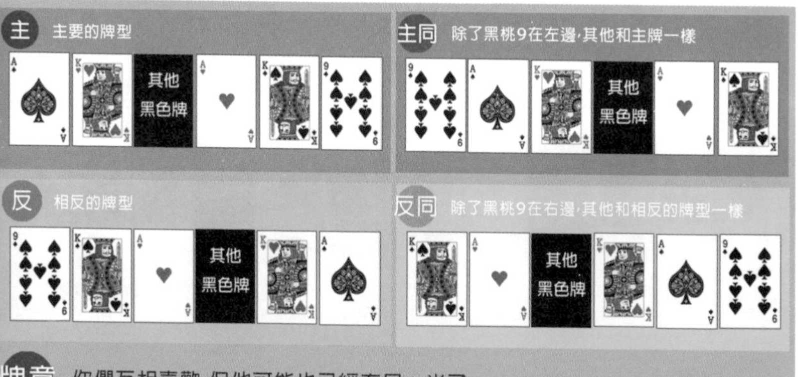

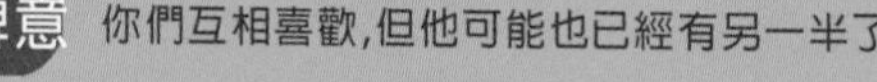

牌意 你們互相喜歡,但他可能也已經有另一半了

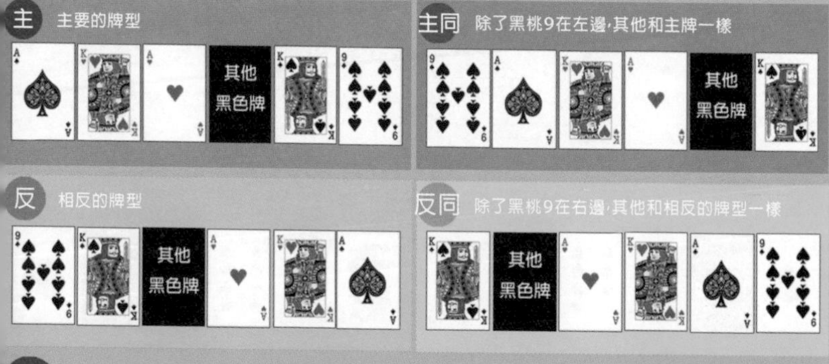

牌意 你喜歡他,但他對你身邊的某位朋友有意思

牌意 他喜歡你,但目前你在乎的一個同性朋友討厭,誤解著你

牌意 他喜歡你,但目前你討厭著一位你自己的同性朋友,或有糾紛

牌意 他喜歡著你身邊某位朋友,而你備感壓力,又或者是外在壓力現正困擾著你

牌意 他可能已經有另一半,但他也喜歡著你,且你可能對這樣的關係感到壓力

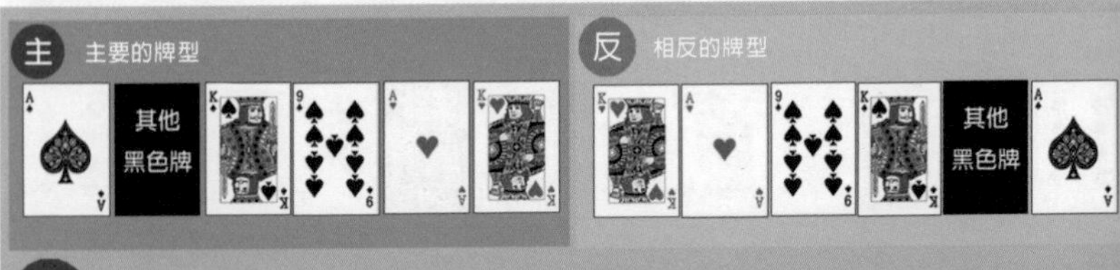

牌意 你現在在乎的是某個同性朋友,也代表你重義氣,而他不喜歡你

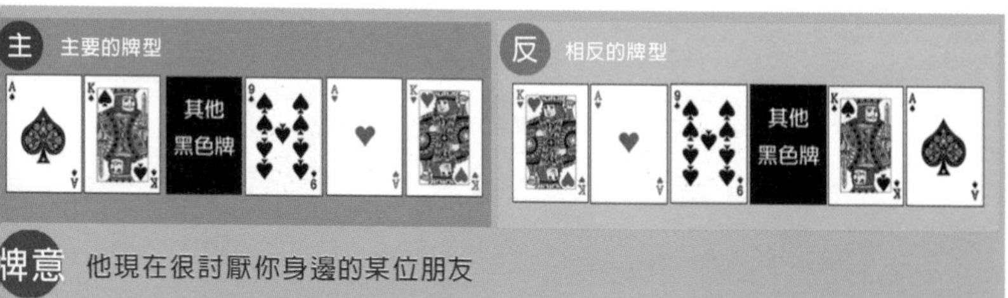

牌意 他現在很討厭你身邊的某位朋友

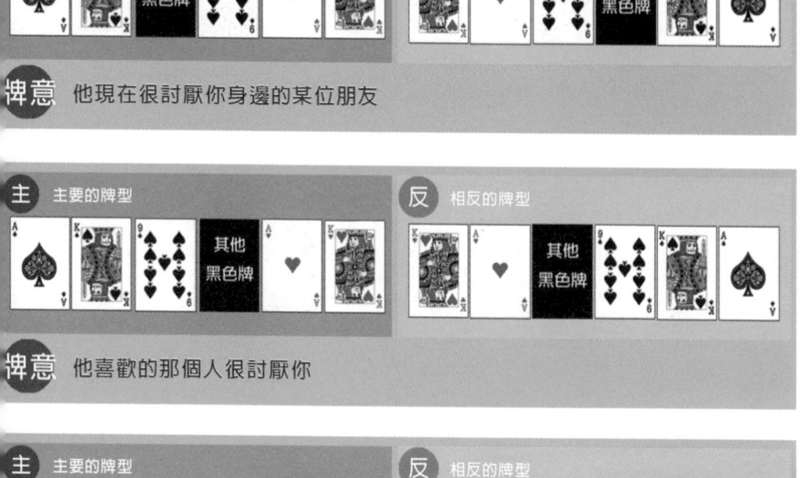

牌意 他喜歡的那個人很討厭你

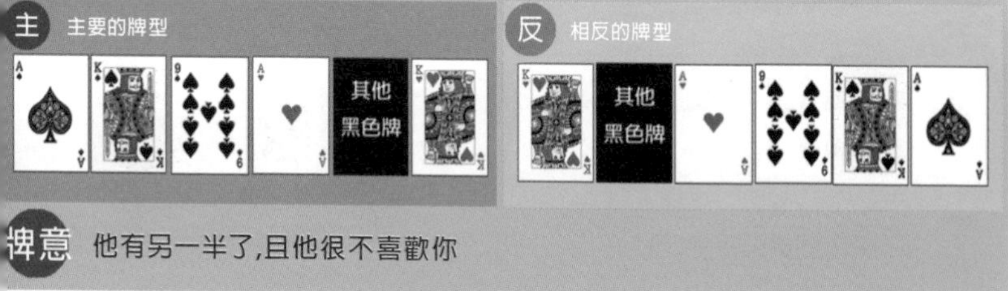

牌意 他有另一半了,且他很不喜歡你

牌意 他喜歡你,而他或許對於你在乎的同性朋友或者對你太重義氣感到壓力

牌意 他喜歡著你身邊的某位朋友,而他可能對此也有壓力,或外在壓力困擾著他

他喜歡你,但也同時喜歡上了另一個人,而那個人卻很討厭他

牌意 他喜歡你, 且有其他人也在追求著他,但他很討厭那個人

你和他常見面相處,但目前你比較在乎的是好朋友誤解你討厭你的事情

牌意 你和他常見面相處,但目前你討厭著你身邊的某個同性朋友

牌意 你身邊有個朋友喜歡著他,而你對此感到壓力,或目前有外在壓力困擾著你

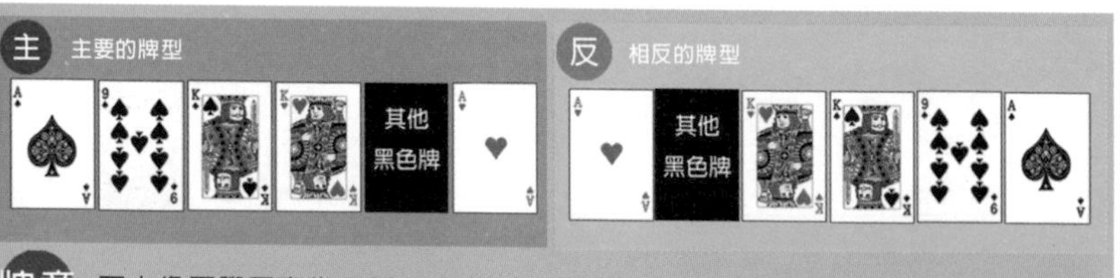

牌意 兩人像同學同事常見面相處,他也有另一半,而你為此或者外在因素感到壓力

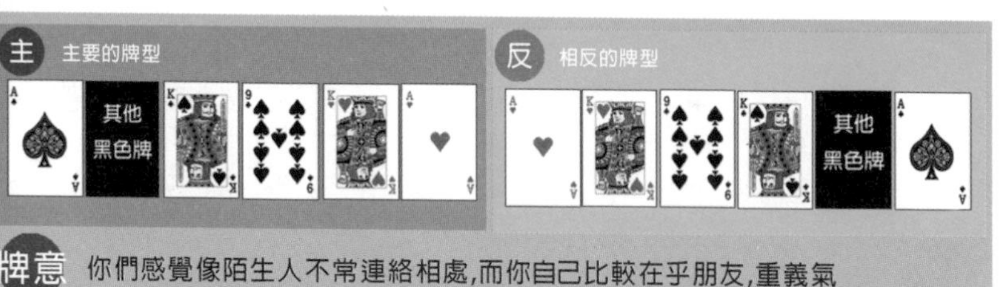

牌意 你們感覺像陌生人不常連絡相處,而你自己比較在乎朋友,重義氣

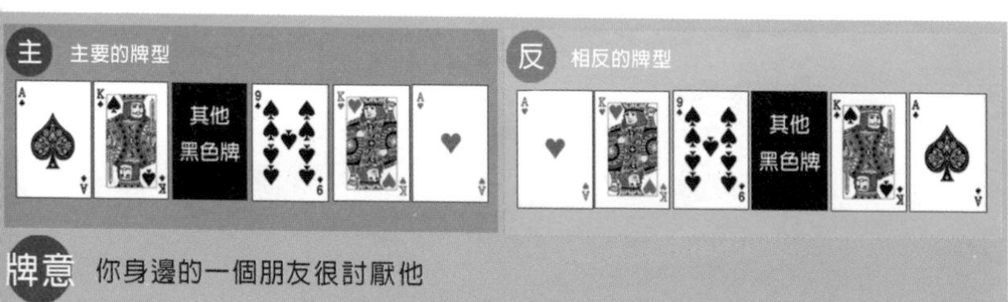

牌意 你身邊的一個朋友很討厭他

牌意 一個喜歡他的人討厭著你

牌意 你們兩個像陌生人各有各的生活,而他也有另一半

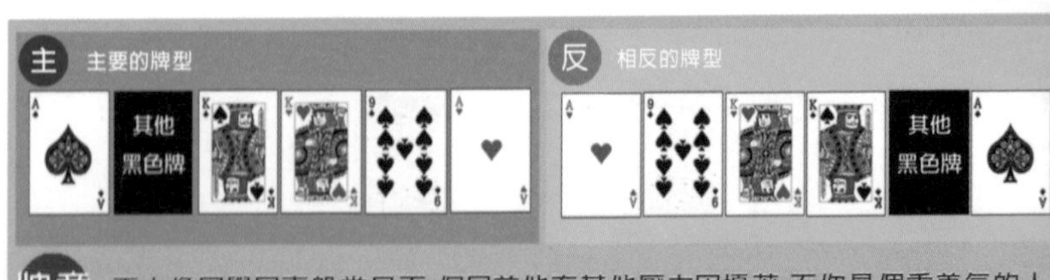

牌意 兩人像同學同事般常見面,但目前他有其他壓力困擾著,而你是個重義氣的人

牌意 你身旁的某位朋友喜歡著他,他因此而困擾,又或者其他外在壓力現困擾著他

牌意 你和他像同學同事般常見面連絡,而他目前正討厭著另一個在追求他的人

牌意 你和他像同學同事般常見面連絡,而他目前喜歡著一個討厭他的人

牌意 你和他常見面相處,而他喜歡著你,但他卻討厭著你在乎的一個好朋友

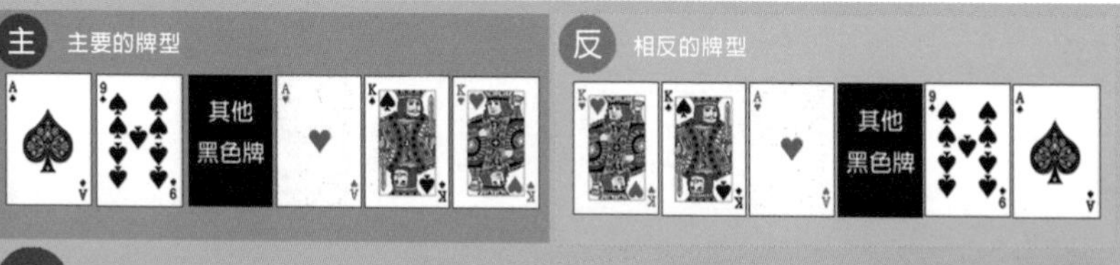

牌意 你和他常見面相處,而他喜歡著你,但他也同時喜歡上了一個你討厭的人

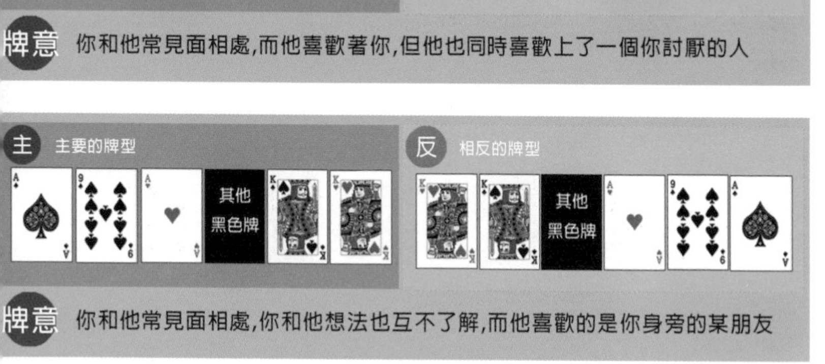

牌意 你和他常見面相處,你和他想法也互不了解,而他喜歡的是你身旁的某朋友

牌意 你和他想法互不了解,但他喜歡你,且你身旁的某位朋友卻也喜歡著他

牌意 兩人常見面相處,但他喜歡著你在乎的一個朋友,而他卻對你不喜歡

牌意 兩人常見面相處,彼此想法也相通有默契,只是他喜歡的另一人討厭著你

牌意 兩人常見面相處,彼此想法也相通有默契,只是他討厭著你身旁的某位朋友

牌意 兩人像好朋友,但他對你的外在某因素有討厭,而你身旁某位朋友喜歡著他

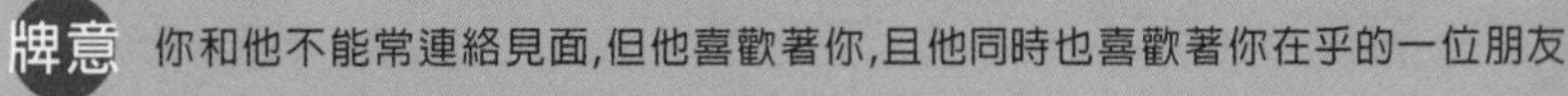

牌意 你和他不能常連絡見面,但他喜歡著你,且他同時也喜歡著你在乎的一位朋友

牌意 兩人想法相近無代溝,但兩人卻難見面相處,且他喜歡你身邊的某位朋友

牌意 兩人想法相近無代溝,且他喜歡著你,但你身旁某位朋友卻很討厭他

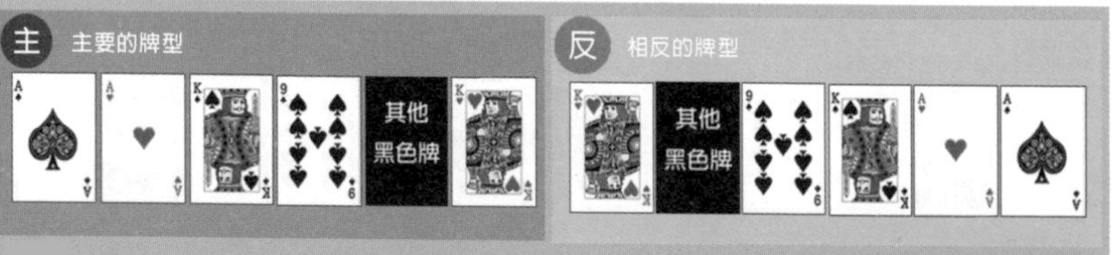

牌意 兩人想法相近無代溝,且他喜歡著你,但另外有人喜歡他,且那個人討厭你

牌意 你和他常見面相處,但他不喜歡你在乎的一個好朋友

牌意 你和他常見面相處,且你討厭著他喜歡的那個人

牌意 你和他常見面相處,但心和心互相卻不了解,且對方有另一半了

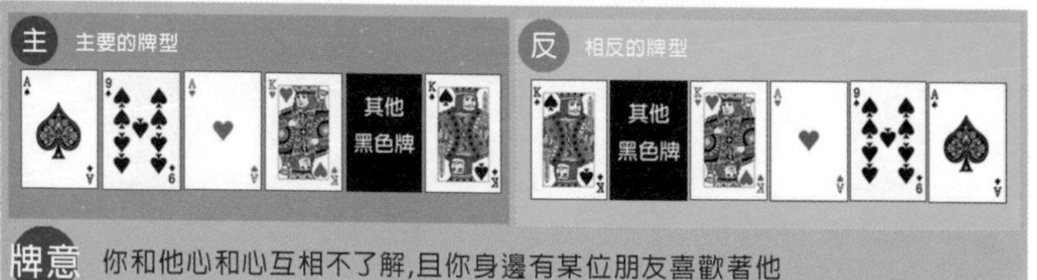

牌意 你和他心和心互相不了解,且你身邊有某位朋友喜歡著他

兩人雖然常見面連絡,但他喜歡你在乎的一個朋友,且他目前對此感到壓力

牌意 兩人彼此常相處見面且想法相近有默契,但他喜歡上了一個討厭他的人

牌意 兩人彼此常相處見面且想法相近有默契,且他討厭另一個喜歡他的人

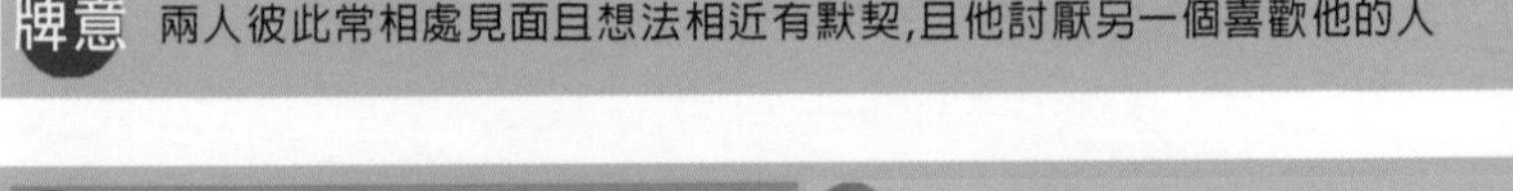

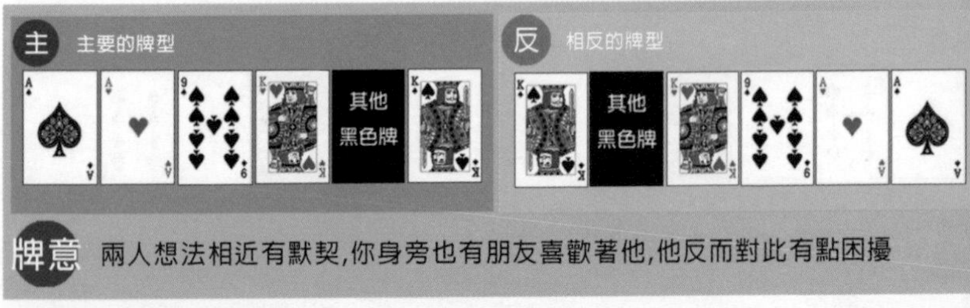

牌意 兩人想法相近有默契,你身旁也有朋友喜歡著他,他反而對此有點困擾

牌意 兩人無法常見面聯絡,且他也喜歡著你在乎的一個朋友

主 主要的牌型

反 相反的牌型

兩人無法常見面聯絡,但和你是想法相通的知己,不過他有另一半

主 主要的牌型

反 相反的牌型

兩人心靈相通,但他目前還有別人喜歡他,且那個人討厭著你

牌意

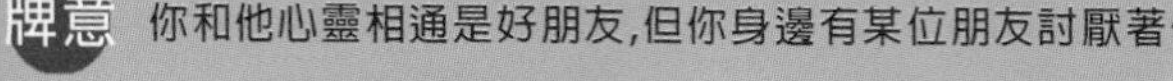

你和他心靈相通是好朋友,但你身邊有某位朋友討厭著他

牌意 你和他常見面相處且他喜歡你,但你在乎的一個朋友討厭他

你和他常見面相處且他喜歡你,但你討厭著另外一位喜歡他的人

牌意 你對他某方面有討厭,但他喜歡你,且你身旁某位朋友也喜歡他

牌意 你和他像同學同事般常見面連絡,但你不喜歡他某方面,且他喜歡你身邊朋友

牌意 兩人不常見面相處,且你在乎的一個朋友喜歡他,但他喜歡的是你

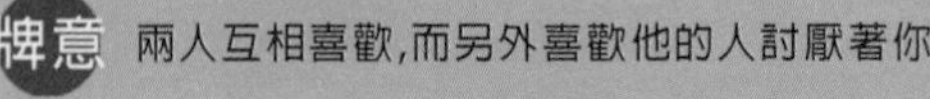

牌意 兩人互相喜歡,而另外喜歡他的人討厭著你

牌意 兩人互相喜歡,但你身邊某個朋友討厭他

主 主要的牌型

反 相反的牌型

牌意 兩人雖然不能常見面連絡,你喜歡他,但他喜歡你身邊的某位朋友

主 主要的牌型　反 相反的牌型

牌意 兩人雖然常見面連絡像同學同事,但他不喜歡你,且你在乎的一個朋友喜歡他

主 主要的牌型　反 相反的牌型

牌意 你喜歡他,但他不喜歡你,且你身旁的某位朋友也喜歡著他

主 主要的牌型　反 相反的牌型

牌意 兩人像同學同事常見面相處,且你喜歡他,但他不喜歡你身邊的某位朋友

主 主要的牌型　反 相反的牌型

牌意 兩人像同學同事常見面相處,且你喜歡他,但他喜歡另一個人,且那個人討厭你

牌意 他喜歡你,但你在乎的某人討厭他

牌意 他喜歡你,而你討厭另外還有喜歡他的那個人

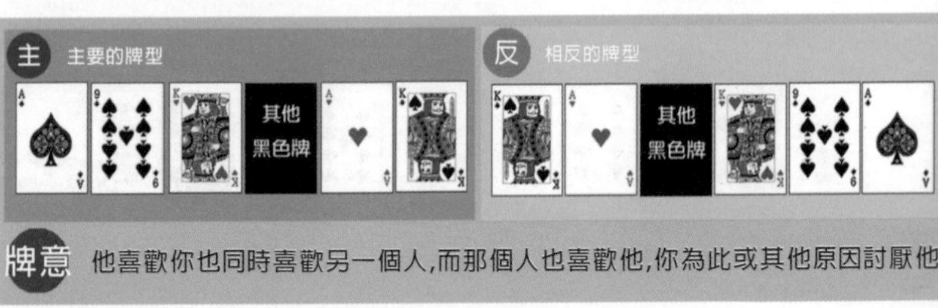

牌意 他喜歡你也同時喜歡另一個人,而那個人也喜歡他,你為此或其他原因討厭他

牌意 他喜歡你身旁某個人,而你為此或其他原因挑剔討厭他

牌意 兩人難見面相處,但他喜歡你,而你在乎的某個人喜歡他

牌意 你們互相喜歡,但他討厭著一個另外在追求他的人

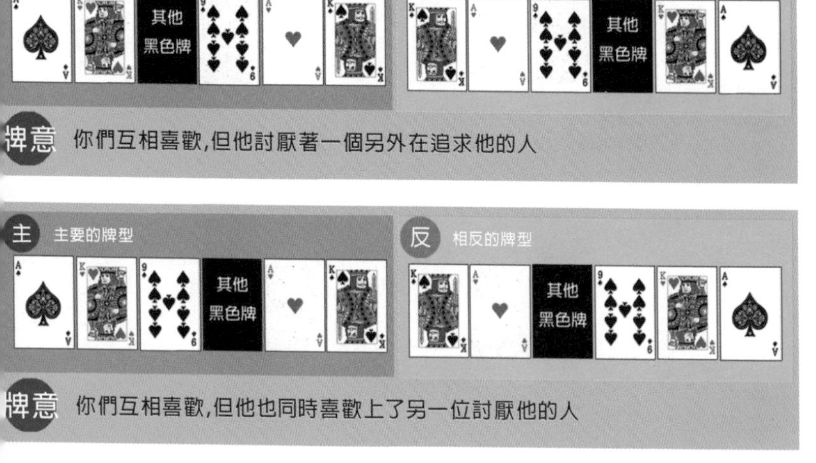

牌意 你們互相喜歡,但他也同時喜歡上了另一位討厭他的人

牌意 你喜歡他,他卻喜歡你身邊的某個朋友,且他為此局面感到壓力

牌意 你在乎的一個朋友喜歡他,且他也不喜歡你或對你的某個地方討厭著

牌意 他似乎已有另一半,且他不喜歡你,即使你對他有意思

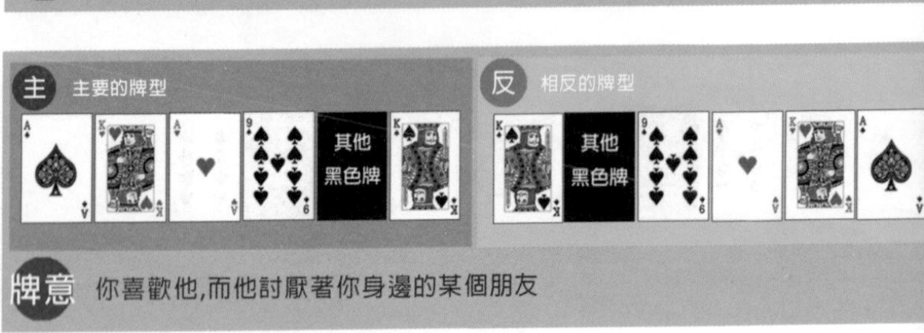

自己的人和心在一起時,
也就代表自己喜歡自己
所以通常會說你有自信,自主性高
獨立,有個性的意思

只要你不放棄，我永遠都不會放手

Jonathan 處女座

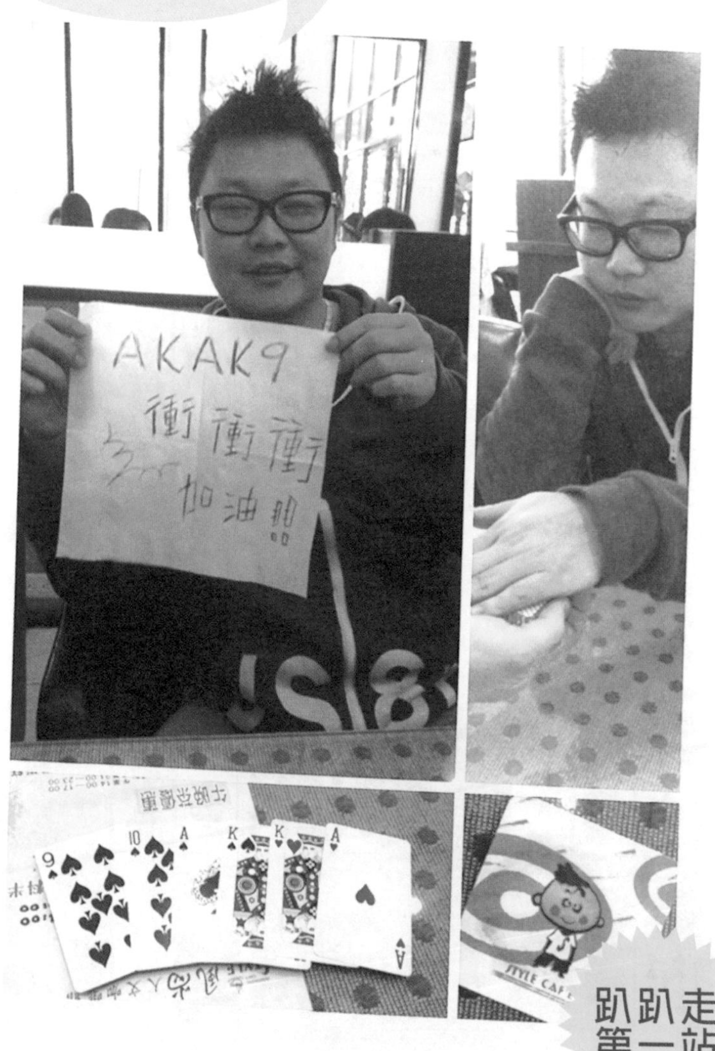

趴趴走
第一站

6張牌 / 黑桃A開頭+其他紅色牌

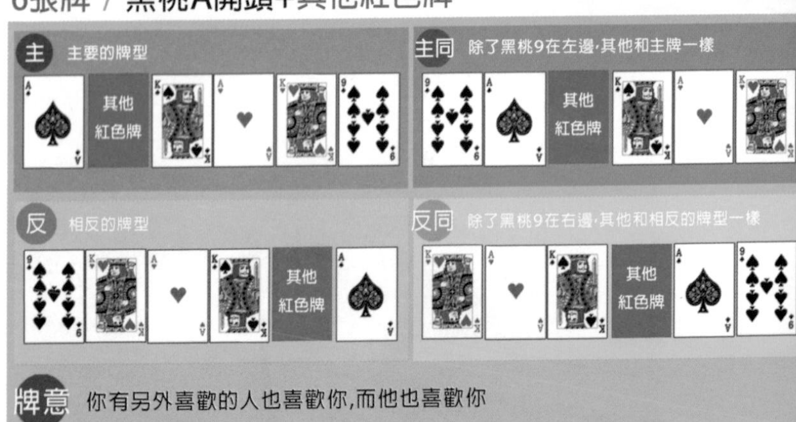

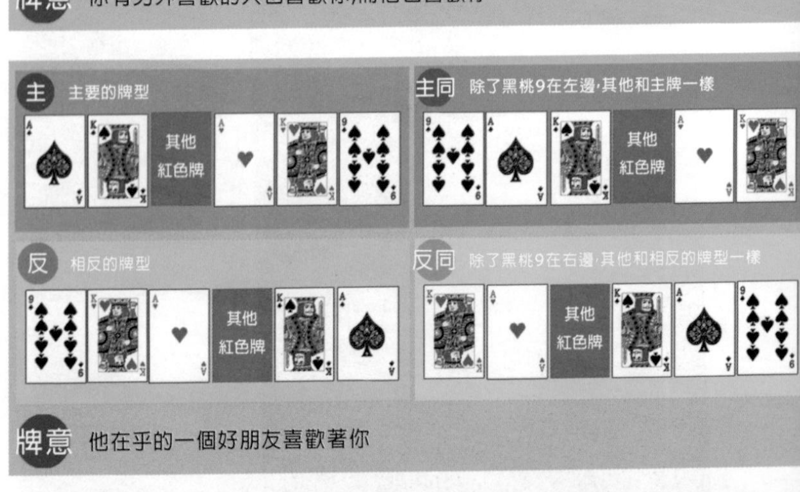

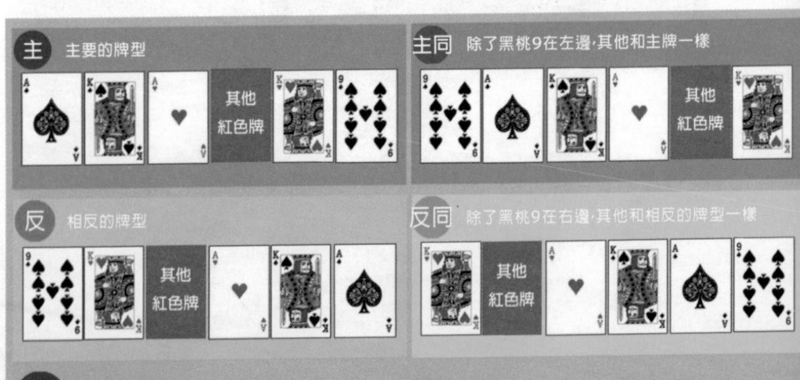

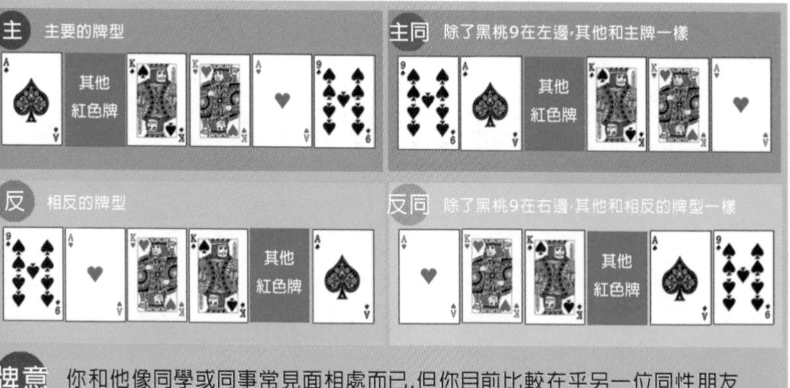

牌意 你和他像同學或同事常見面相處而已,但你目前比較在乎另一位同性朋友

牌意 你身旁的一位朋友也喜歡著他

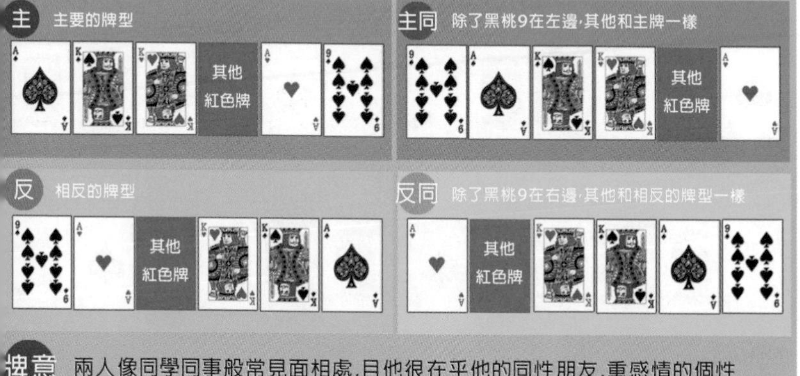

牌意 兩人像同學同事般常見面相處,且他很在乎他的同性朋友,重感情的個性

主 主要的牌型
其他
紅色牌
主同 除了黑桃9在左邊,其他和主牌一樣
其他
紅色牌
反 相反的牌型
其他
紅色牌
反同 除了黑桃9在右邊,其他和相反的牌型一樣
其他
紅色牌
牌意 你和他常見面相處,他也喜歡你,但你喜歡的是他在乎的一個好朋友

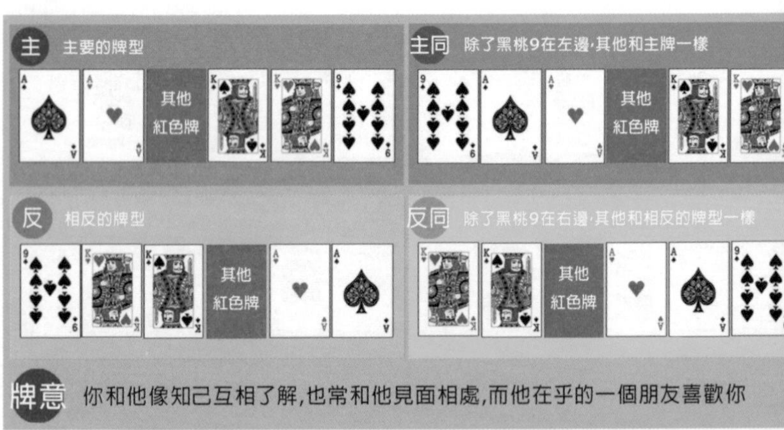
主 主要的牌型
其他
紅色牌
主同 除了黑桃9在左邊,其他和主牌一樣
其他
紅色牌
反 相反的牌型
其他
紅色牌
反同 除了黑桃9在右邊,其他和相反的牌型一樣
其他
紅色牌
牌意 你和他像知己互相了解,也常和他見面相處,而他在乎的一個朋友喜歡你

主 主要的牌型
其他
紅色牌
主同 除了黑桃9在左邊,其他和主牌一樣
其他
紅色牌
反 相反的牌型
其他
紅色牌
反同 除了黑桃9在右邊,其他和相反的牌型一樣
其他
紅色牌
牌意 你和他像知己互相了解,他也喜歡著你,同時他身邊還有一個朋友也喜歡你

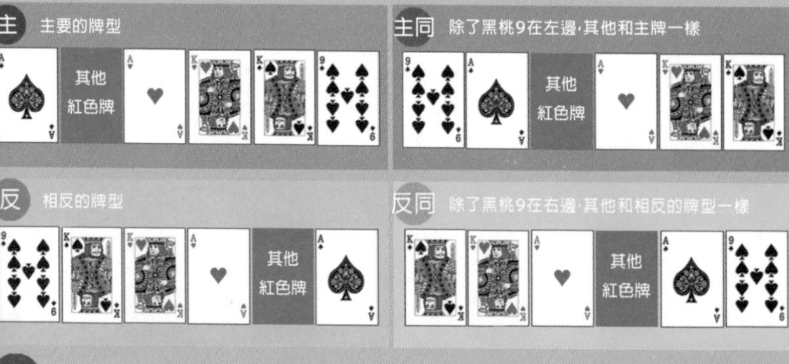

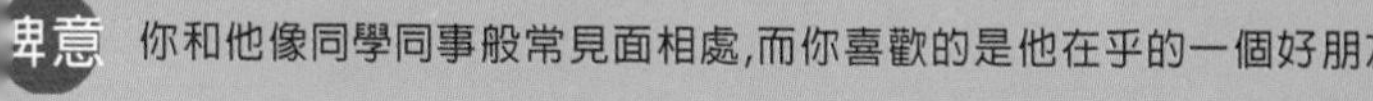

牌意 你和他像同學同事般常見面相處,而你喜歡的是他在乎的一個好朋友

主 主要的牌型

其他紅色牌

主同 除了黑桃9在左邊,其他和主牌一樣

其他紅色牌

反 相反的牌型

其他紅色牌

反同 除了黑桃9在右邊,其他和相反的牌型一樣

其他紅色牌

牌意 兩人想法有默契像知己,平時也常見面相處,而對方有一個很在乎的好朋友

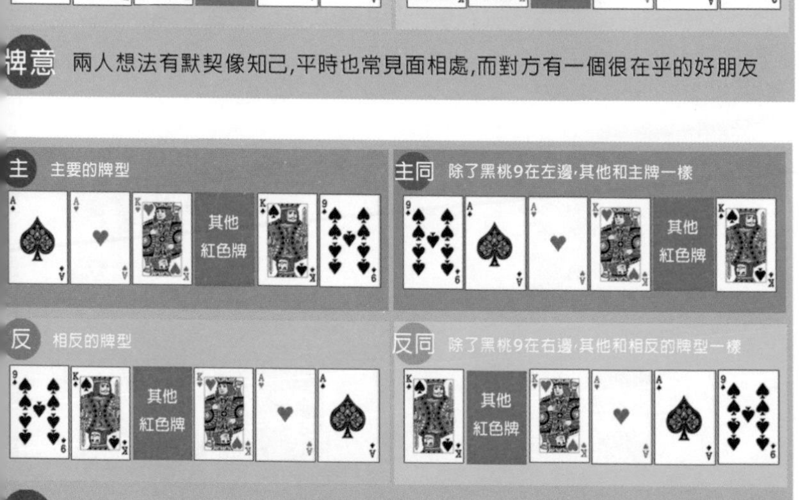

牌意 你和他互相了解像知己,而他身邊的某個朋友喜歡上你了.

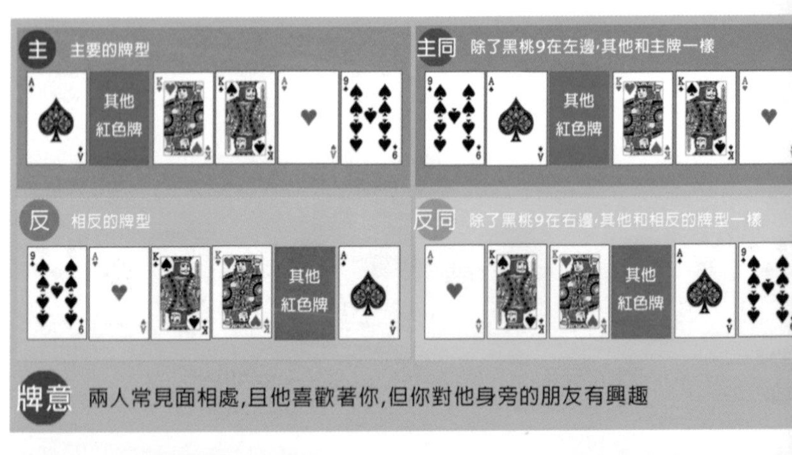
主 主要的牌型
其他紅色牌
主同 除了黑桃9在左邊,其他和主牌一樣
其他紅色牌
反 相反的牌型
其他紅色牌
反同 除了黑桃9在右邊,其他和相反的牌型一樣
其他紅色牌
牌意 兩人常見面相處,且他喜歡著你,但你對他身旁的朋友有興趣

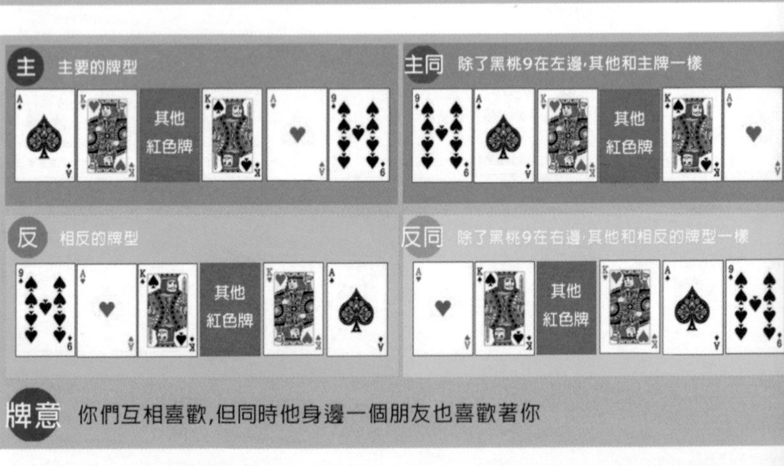
主 主要的牌型
其他紅色牌
主同 除了黑桃9在左邊,其他和主牌一樣
其他紅色牌
反 相反的牌型
其他紅色牌
反同 除了黑桃9在右邊,其他和相反的牌型一樣
其他紅色牌
牌意 你們互相喜歡,但同時他身邊一個朋友也喜歡著你

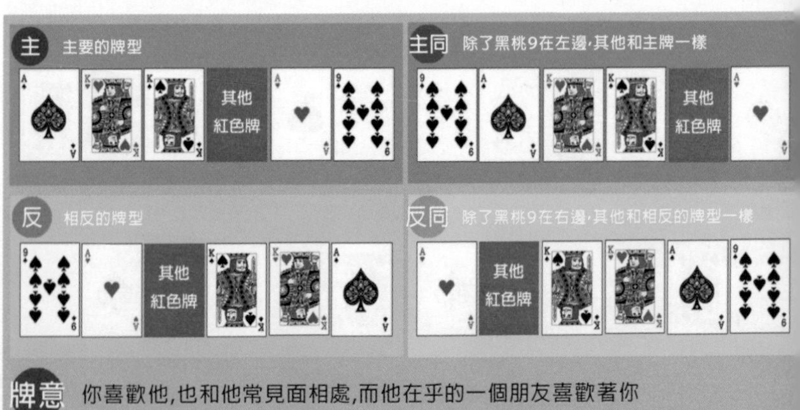
主 主要的牌型
其他紅色牌
主同 除了黑桃9在左邊,其他和主牌一樣
其他紅色牌
反 相反的牌型
其他紅色牌
反同 除了黑桃9在右邊,其他和相反的牌型一樣
其他紅色牌
牌意 你喜歡他,也和他常見面相處,而他在乎的一個朋友喜歡著你

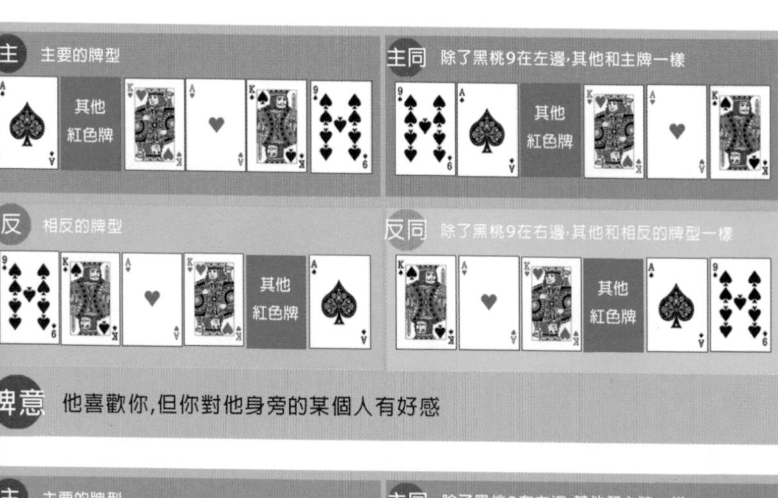

主 主要的牌型

其他紅色牌

主同 除了黑桃9在左邊,其他和主牌一樣

其他紅色牌

反 相反的牌型

其他紅色牌

反同 除了黑桃9在右邊,其他和相反的牌型一樣

其他紅色牌

牌意 你們互相喜歡,且他也很在乎他的朋友,代表他是個重友情的人

主 主要的牌型

其他紅色牌

主同 除了黑桃9在左邊,其他和主牌一樣

其他紅色牌

反 相反的牌型

其他紅色牌

反同 除了黑桃9在右邊,其他和相反的牌型一樣

其他紅色牌

牌意 你喜歡他,而他在乎的某個人喜歡你

牌意 他喜歡你,但目前你還有喜歡一個討厭你的另一人

牌意 他喜歡你,但目前你討厭著一位喜歡你的另一人

牌意 他在乎的一個好朋友喜歡著你,你因此感到壓力或有其他外在壓力困擾著你

牌意 他有一個很要好的朋友,他也喜歡著你,但你可能目前有其他壓力在困擾著你

牌意 你另有喜歡的人且那個人也喜歡你, 而他不喜歡你

主 主要的牌型

其他紅色牌

反 相反的牌型

其他紅色牌

牌意 你還有其他人喜歡你，而他很討厭那個人

主 主要的牌型

其他紅色牌

反 相反的牌型

牌意 他在乎的一個好朋友討厭你，對你很有意見

主 主要的牌型

其他紅色牌

反 相反的牌型

其他紅色牌

牌意 他不喜歡你，且他有一個很要好的朋友在影響著他

主 主要的牌型 反 相反的牌型

牌意 他喜歡你，但你喜歡的是另有他人，且那個人也喜歡你，他或許為此感到壓力

主 主要的牌型 反 相反的牌型

牌意 他在乎的一個好朋友喜歡你，而他可能對此也有壓力，或外在壓力困擾著他

牌意 他喜歡你,但目前他在乎的一個好朋友不喜歡他,誤解他

牌意 他喜歡你, 且他不喜歡他自己身邊的某位朋友

牌意 你和他常見面相處,但你另外還有喜歡的人,只是那個人對你不太喜歡

牌意 你和他常見面相處,但目前你討厭著另一位喜歡你的人

牌意 他身邊某位朋友喜歡著你,而你對此感到壓力,或目前有外在壓力困擾著你

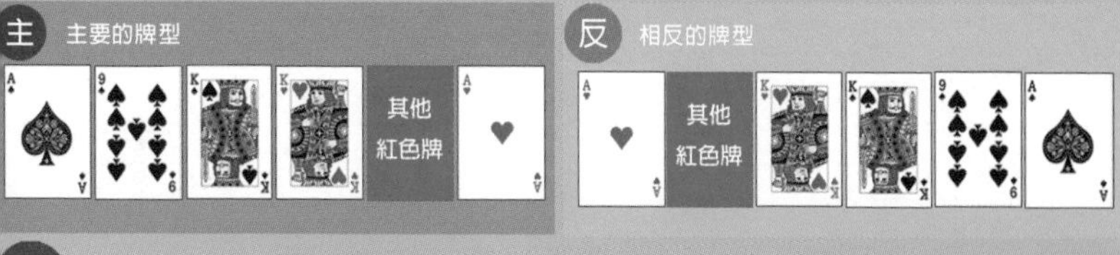

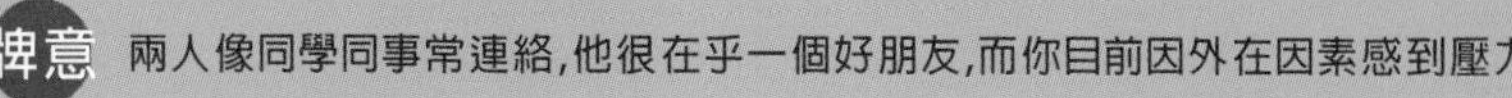

牌意 兩人像同學同事常連絡,他很在乎一個好朋友,而你目前因外在因素感到壓力

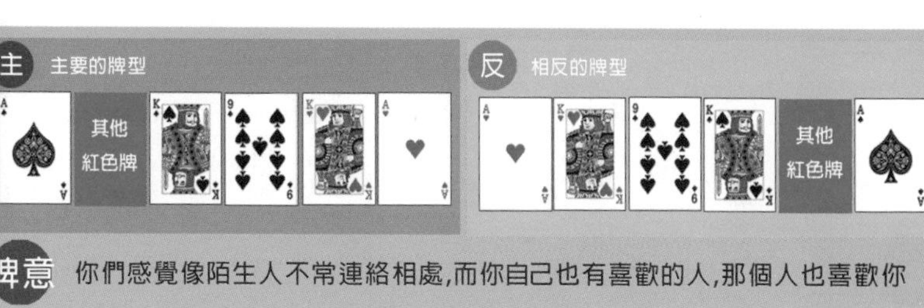

牌意 你們感覺像陌生人不常連絡相處,而你自己也有喜歡的人,那個人也喜歡你

牌意 一個喜歡你的人討厭著他

牌意 他身旁某位朋友討厭著你

牌意 你們兩個像陌生人各有各的生活,而他是一個重感情關心朋友的人

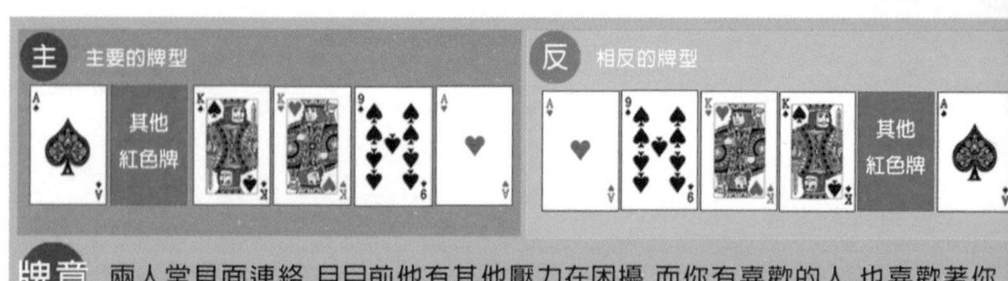

牌意 兩人常見面連絡,且目前他有其他壓力在困擾,而你有喜歡的人,也喜歡著你

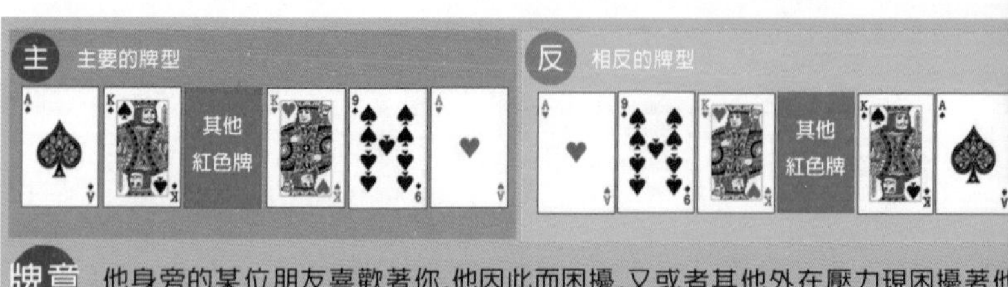

牌意 他身旁的某位朋友喜歡著你,他因此而困擾,又或者其他外在壓力現困擾著他

牌意 你和他像同學同事般常見面連絡,而他目前正討厭著他身邊的某位朋友

牌意 你和他像同學同事般常見面連絡,而目前他在乎的一個朋友討厭他誤解他

牌意 你和他常見面相處,而他喜歡著你,但他也討厭著你另外喜歡的那個人

牌意 你和他常見面相處,而他喜歡著你,但你卻對他在乎的一個朋友有意見

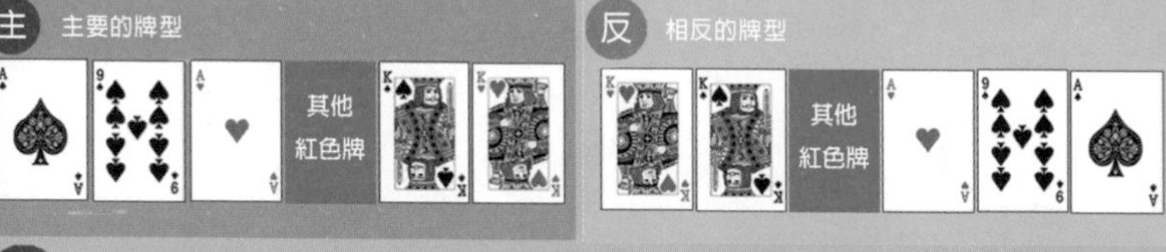

牌意 你和他常見面相處,你和他想法也互不了解,而他在乎的一個朋友喜歡你

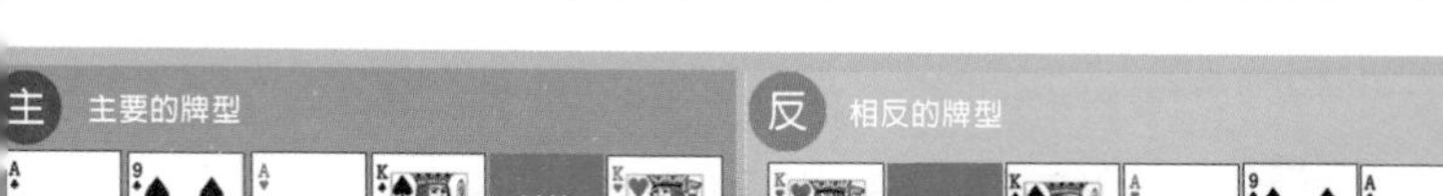

牌意 你和他想法互不了解,但他喜歡你,且他身旁的某位朋友卻也喜歡著你

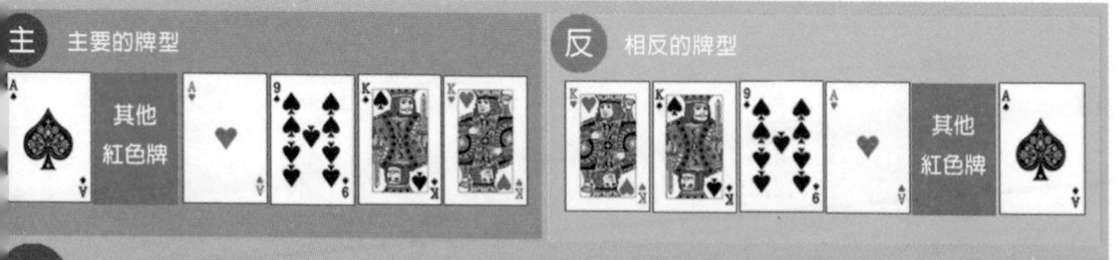

牌意 兩人常見面相處,你也對他在乎的一個朋友有意思,而他反而對你有意見

牌意 兩人常見面相處,彼此想法也相通有默契,只是他在乎的一個朋友討厭你

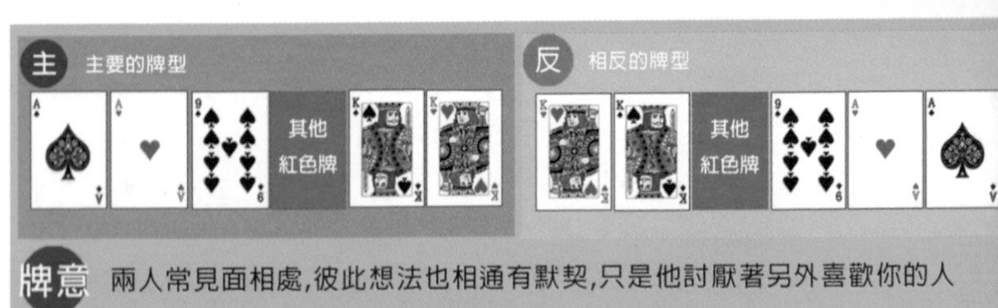

牌意 兩人常見面相處,彼此想法也相通有默契,只是他討厭著另外喜歡你的人

牌意 兩人像好朋友,但他對你的外在某因素有討厭,而他身旁某位朋友卻喜歡著你

牌意 你和他不能常連絡見面,但他喜歡著你,可是你對他在乎的一個朋友有意思

牌意 兩人想法相近無代溝,但兩人卻難見面相處,且他在乎的一個朋友喜歡你

牌意 兩人想法相近無代溝,但他喜歡著你,且一個喜歡你的另一人討厭著他

兩人想法相近無代溝,且他喜歡著你,但他身旁的某位朋友討厭你

你和他常見面相處,但他不喜歡你喜歡的另一個人

你和他常見面相處,且你討厭著他在乎的某個好朋友

你和他常見面相處,但心和心互相卻不了解,且對方很在乎朋友,重義氣

牌意 你和他心和心互相不了解,且他身邊有某位朋友喜歡著你

牌意 兩人常見面連絡,但你對他在乎的一個朋友有意思,且他目前對此感到壓力

牌意 兩人彼此常相處見面且想法相近有默契,但他在乎的一個朋友討厭他誤解他

牌意 兩人彼此常相處見面且想法相近有默契,但他討厭著他身邊的某位朋友

牌意 兩人想法相近有默契,他身旁也有朋友喜歡著你,他對此有點困擾或其他壓力

牌意 兩人無法常見面聯絡,而你對他在乎的一個朋友有意思

牌意 兩人無法常見面聯絡,但和你是想法相通的知己,且他也很在乎他的朋友

牌意 兩人心靈相通,但他身邊的某個朋友討厭你

牌意 你和他心靈相通是好朋友, 但有另外的人喜歡你,且那個人討厭著他

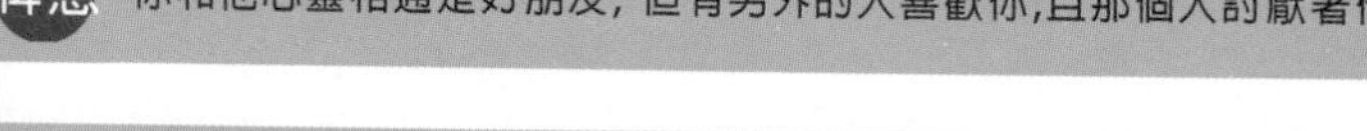

牌意 你和他常見面相處且他喜歡你,但你另外有喜歡的人,且那個人討厭著他

牌意 你和他常見面相處且他喜歡你,但你討厭著他身邊的某位朋友

牌意 你對他某方面有討厭,但他喜歡你,且他身旁某位朋友也喜歡你

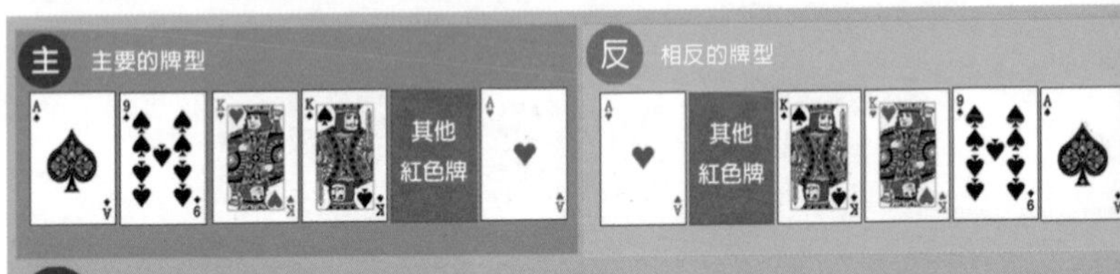

牌意 你和他像同學同事般常見面連絡,但你不喜歡他某方面,且他好朋友喜歡你

牌意 兩人不常見面相處,且他喜歡你, 但你對他身邊的朋友有意思

牌意 兩人互相喜歡,但他身邊某位朋友討厭著你

牌意 兩人互相喜歡,也另有人喜歡你,且那個人討厭著他

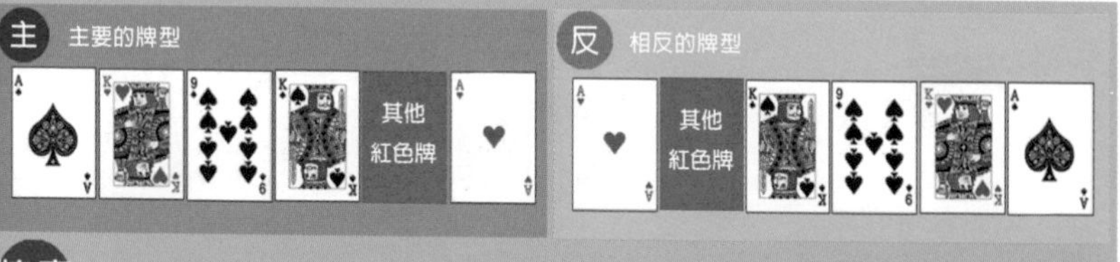

牌意 兩人雖然不能常見面連絡,你喜歡他,但他在乎的某位朋友喜歡你

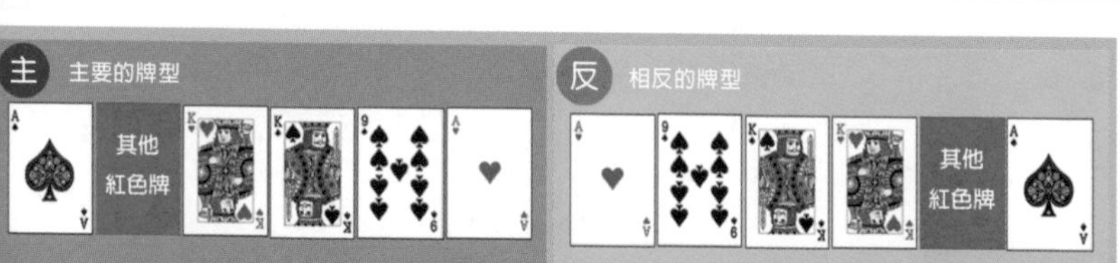

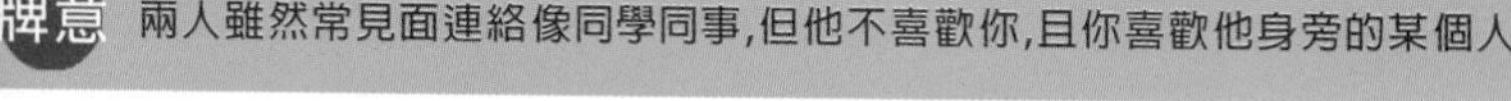
牌意 兩人雖然常見面連絡像同學同事,但他不喜歡你,且你喜歡他身旁的某個人

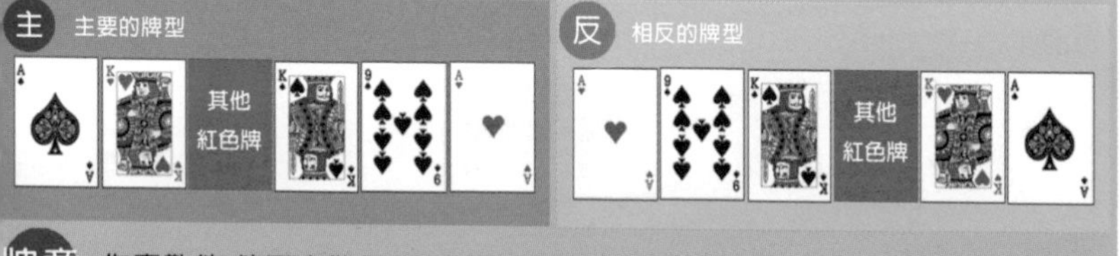

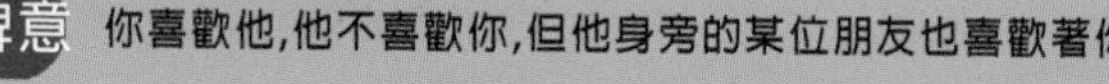
牌意 你喜歡他,他不喜歡你,但他身旁的某位朋友也喜歡著你

牌意 兩人像同學同事常見面相處,且你喜歡他,但他不喜歡另一位喜歡你的人

牌意 兩人像同學同事常見面相處,且你喜歡他,但他在乎的一位朋友討厭著你

牌意 他喜歡你,但你另外還有喜歡的人,且那個人討厭著他

牌意 他喜歡你, 而你討厭著他身邊的某位朋友

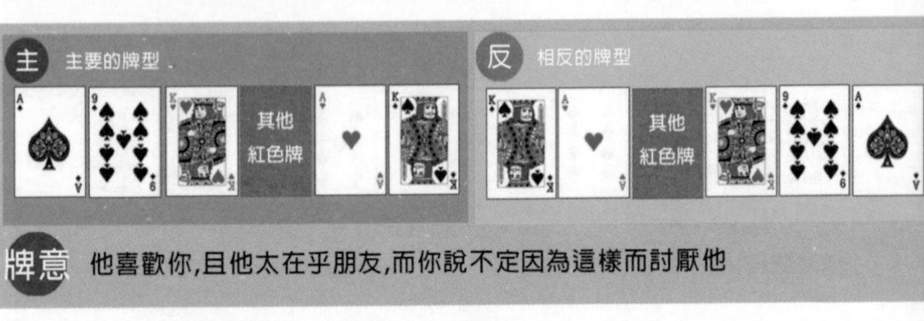

牌意 他喜歡你,且他太在乎朋友,而你說不定因為這樣而討厭他

牌意 你其實對他某個地方不喜歡,而他在乎的一個朋友喜歡你

牌意 他喜歡你,但你對他身旁的朋友有興趣,他因此感到壓力或有其他壓力存在

牌意 你們互相喜歡,但他討厭著他身邊的某一位朋友

牌意 你們互相喜歡,但他現在面臨好朋友誤解他討厭他的事情

牌意 你喜歡他,但他在乎的一個朋友喜歡你,且他為此局面感到壓力

牌意 他不喜歡你或對你的某個地方討厭著,而你也對他身旁某位朋友有意思

牌意 你喜歡他,但他不喜歡你或對你的某個地方討厭著,他也是一個重義氣的人

牌意　你喜歡他,但他在乎的一個朋友討厭你

牌意　你喜歡他,而他討厭著另外喜歡你的那個人

自己的心旁若有另一張
和自己同顏色的牌，代表
你很在乎某個好朋友,但有時候
也代表是家人,所以也代表是重感情

愛情就像走在路上，不小心撞到電線桿，

再痛也要繼續往前走，

也不要回頭問為什麼會撞到.....

Eric，巨蟹座

趴趴走
第二站

6張牌 / 黑桃K開頭+其他黑色牌

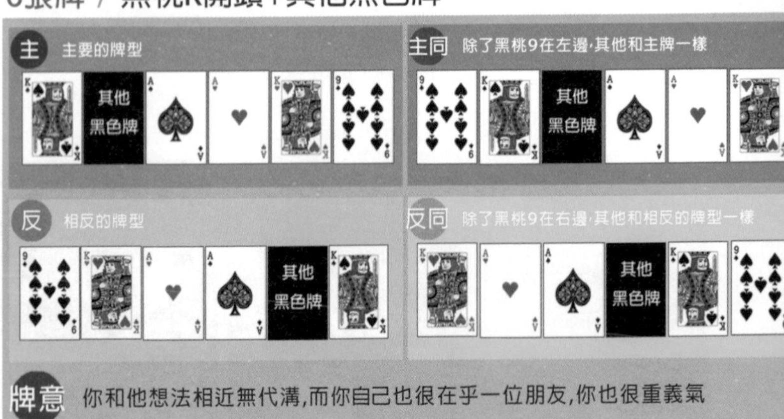

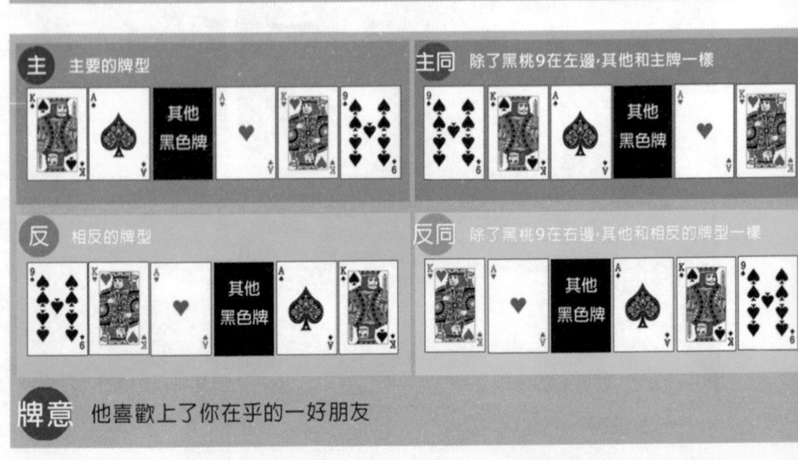

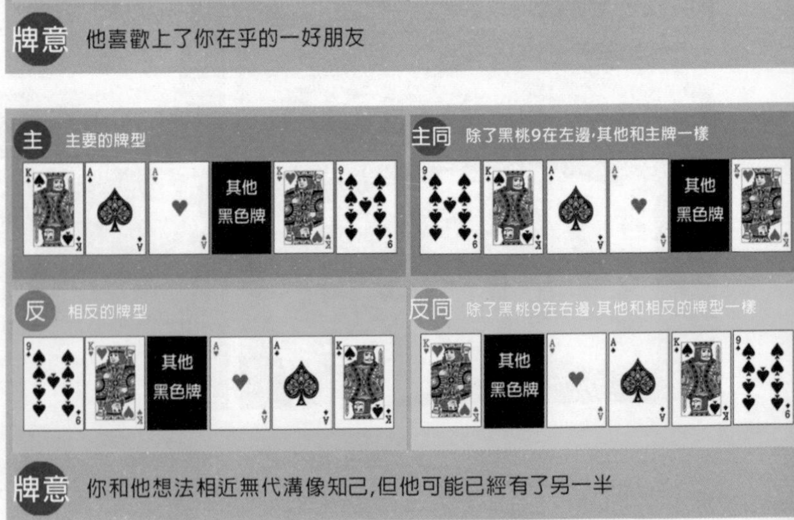

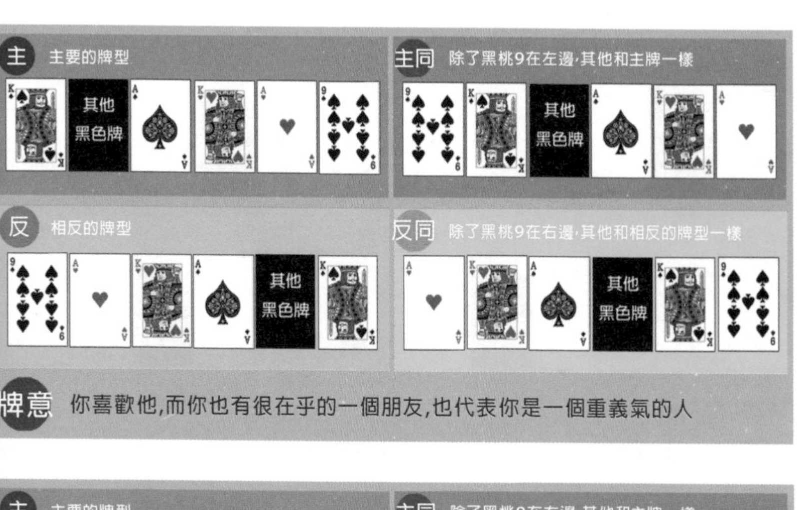

牌意 你喜歡他，而你也有很在乎的一個朋友，也代表你是一個重義氣的人

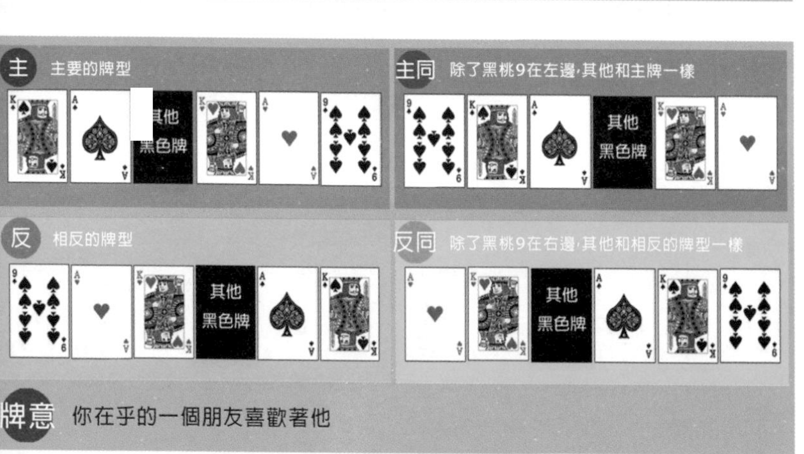

牌意 你在乎的一個朋友喜歡著他

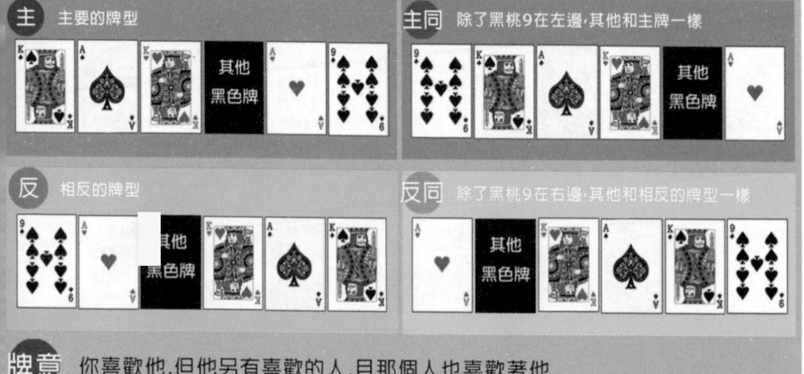

牌意 你喜歡他，但他另有喜歡的人，且那個人也喜歡著他

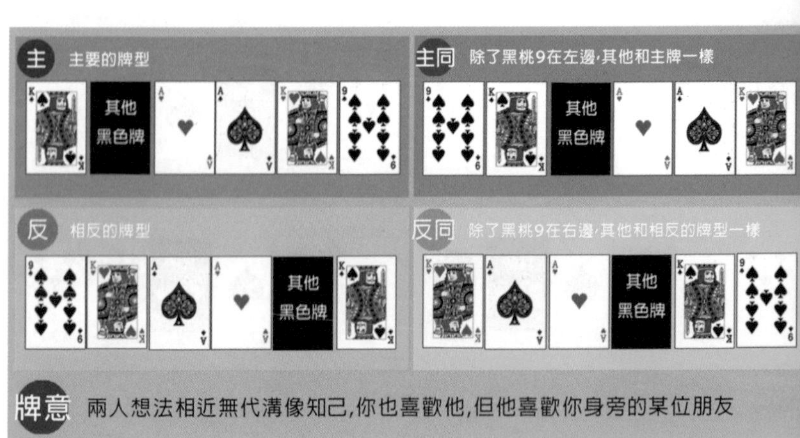

牌意 兩人想法相近無代溝像知己，你也喜歡他，但他喜歡你身旁的某位朋友

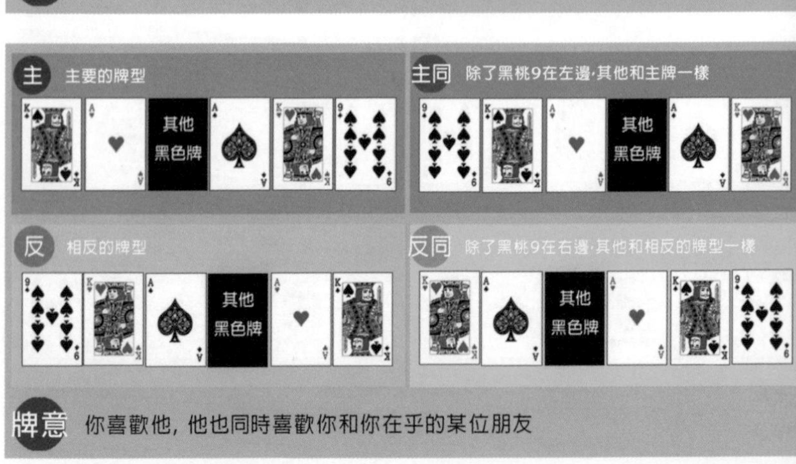

牌意 你喜歡他，他也同時喜歡你和你在乎的某位朋友

牌意 兩人想法相近無代溝像知己，他喜歡你，而你在乎的某個朋友也喜歡著他

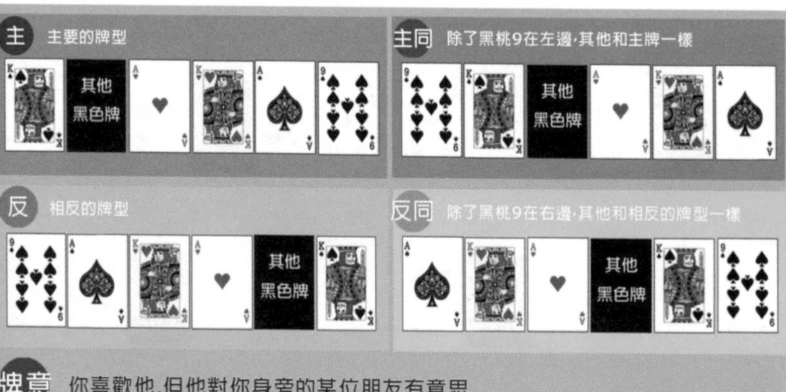

牌意 你喜歡他，但他對你身旁的某位朋友有意思

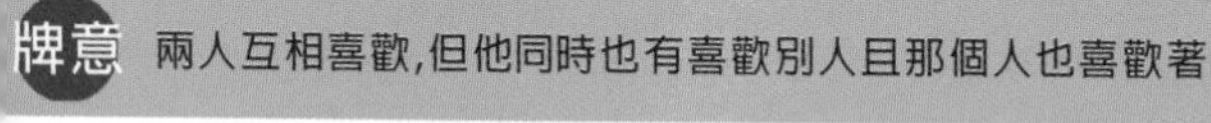

牌意 兩人互相喜歡，但他同時也有喜歡別人且那個人也喜歡著他

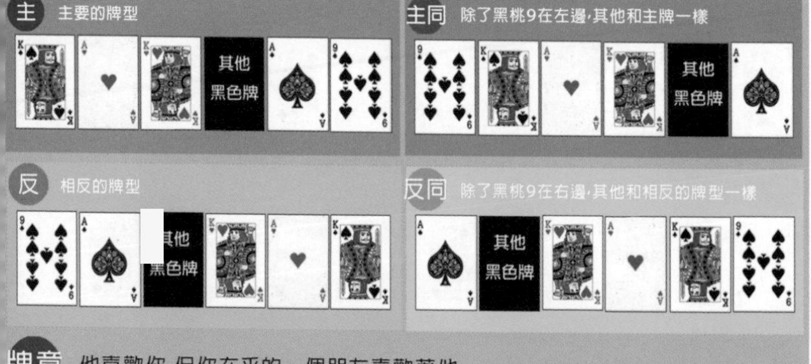

牌意 他喜歡你，但你在乎的一個朋友喜歡著他

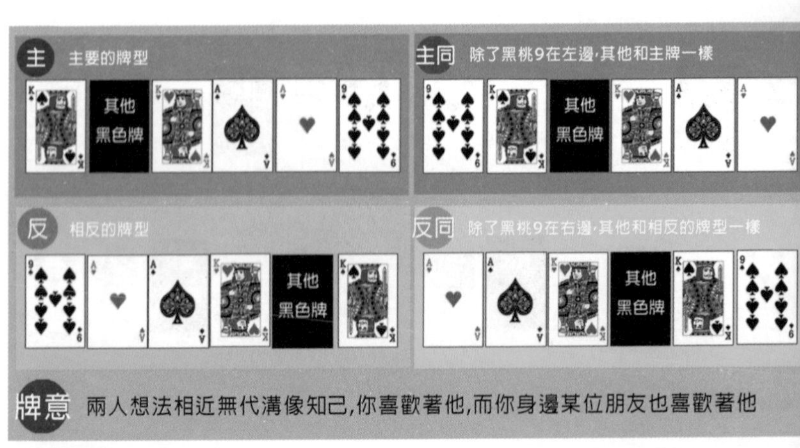

牌意　兩人想法相近無代溝像知己,你喜歡著他,而你身邊某位朋友也喜歡著他

主　主要的牌型

其他黑色牌

主同　除了黑桃9在左邊·其他和主牌一樣

其他黑色牌

反　相反的牌型

其他黑色牌

反同　除了黑桃9在右邊·其他和相反的牌型一樣

其他黑色牌

牌意　兩人常見面相處,且想法相近無代溝也像知己,但你在乎的一個朋友喜歡他

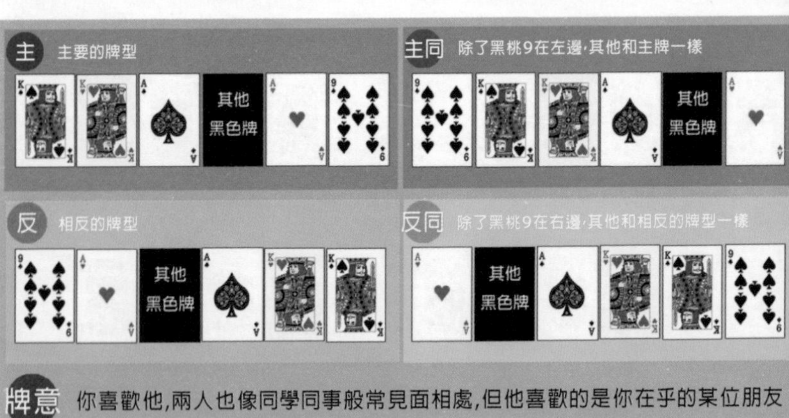

牌意　你喜歡他,兩人也像同學同事般常見面相處,但他喜歡的是你在乎的某位朋友

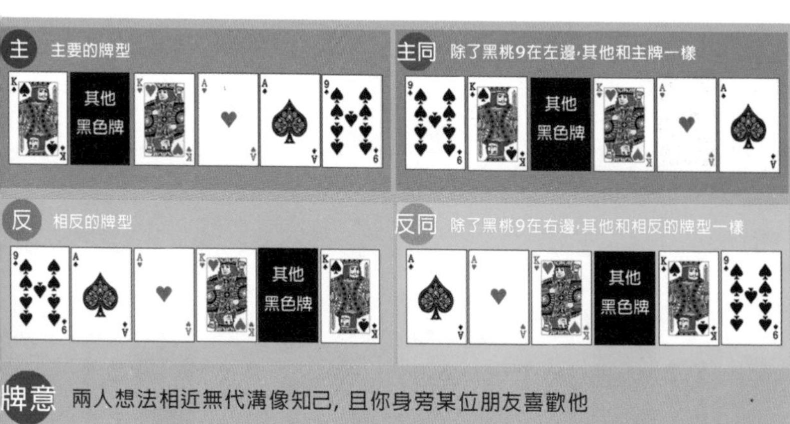

牌意 兩人想法相近無代溝像知己，且你身旁某位朋友喜歡他

主 主要的牌型

其他黑色牌

主同 除了黑桃9在左邊,其他和主牌一樣

其他黑色牌

反 相反的牌型

其他黑色牌

反同 除了黑桃9在右邊,其他和相反的牌型一樣

其他黑色牌

牌意 兩人想法相近無代溝像知己,平常也常連絡見面相處,只是他應該有另一半了

主 主要的牌型

其他黑色牌

主同 除了黑桃9在左邊,其他和主牌一樣

其他黑色牌

反 相反的牌型

其他黑色牌

反同 除了黑桃9在右邊,其他和相反的牌型一樣

其他黑色牌

牌意 兩人像同學同事般常見面聯絡,但他喜歡著你在乎的一個朋友

你和他想法相近無代溝像知己,而你目前討厭著你身邊的某個朋友

牌意 你和他想法相通無代溝像知己,而你目前被你在乎的一個朋友討厭誤會

他喜歡你在乎的一個朋友,你因此而感到壓力或有其他外在壓力困擾著你

牌意 你和他想法相通無代溝像知己,而他有另一半的跡象,而你目前有壓力困擾

牌意 兩人的心互相不了解無法溝通,而你目前比較在乎你的朋友

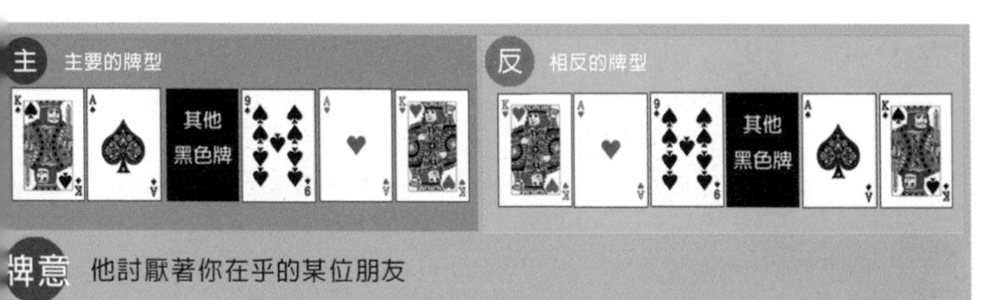

牌意 他討厭著你在乎的某位朋友

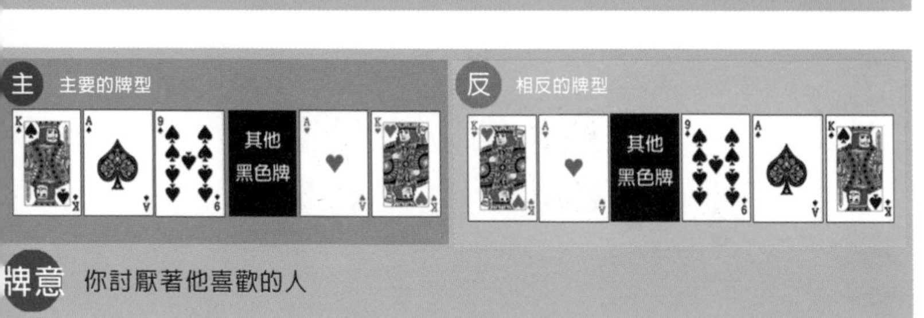

牌意 你討厭著他喜歡的人

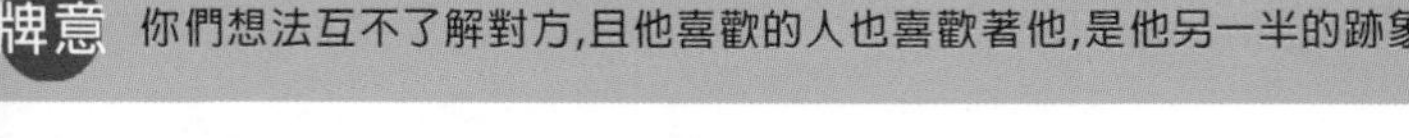

牌意 你們想法互不了解對方,且他喜歡的人也喜歡著他,是他另一半的跡象

牌意 兩人想法相通無代溝像知己,你也很在乎你自己的朋友,而他目前有壓力困擾

牌意 他喜歡著你在乎的某位朋友,他為此感到壓力,或外在其他壓力正困擾著他

牌意 兩人想法相通無代溝像知己,但他目前喜歡的人不喜歡他

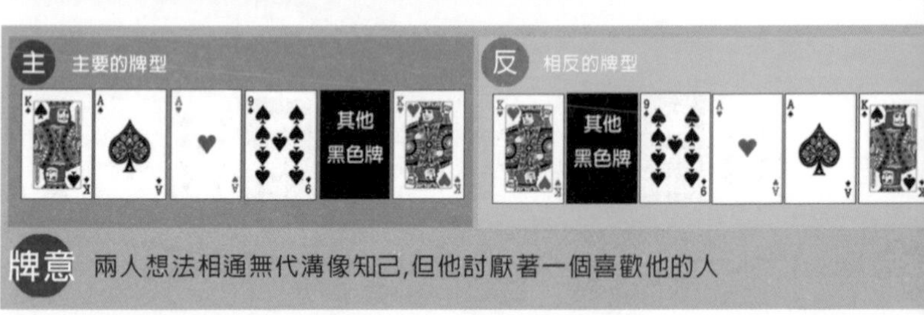

牌意 兩人想法相通無代溝像知己,但他討厭著一個喜歡他的人

牌意 你喜歡他,且你討厭著你身邊的某位朋友

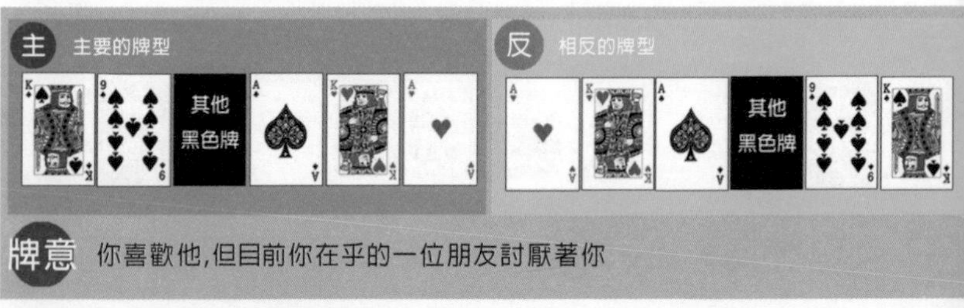

牌意 你喜歡他,但目前你在乎的一位朋友討厭著你

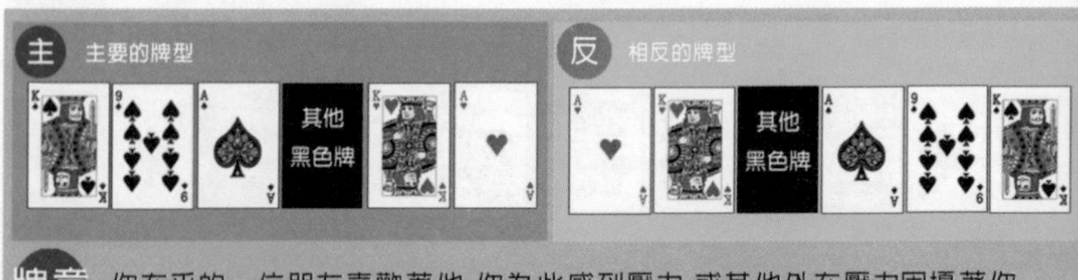

牌意 你在乎的一位朋友喜歡著他,你為此感到壓力,或其他外在壓力困擾著你

主 主要的牌型

其他黑色牌

反 相反的牌型

其他黑色牌

牌意 你喜歡他,但他應該有另一半,而你為此感到壓力,或有外在壓力困擾著你

主 主要的牌型

其他黑色牌

反 相反的牌型

其他黑色牌

牌意 你對他在某方面有討厭挑剔,而目前你比較在乎朋友

主 主要的牌型

其他黑色牌

反 相反的牌型

其他黑色牌

牌意 你在乎的某位朋友討厭著他

主 主要的牌型

其他黑色牌

反 相反的牌型

其他黑色牌

牌意 你討厭著喜歡他的人

主 主要的牌型

反 相反的牌型

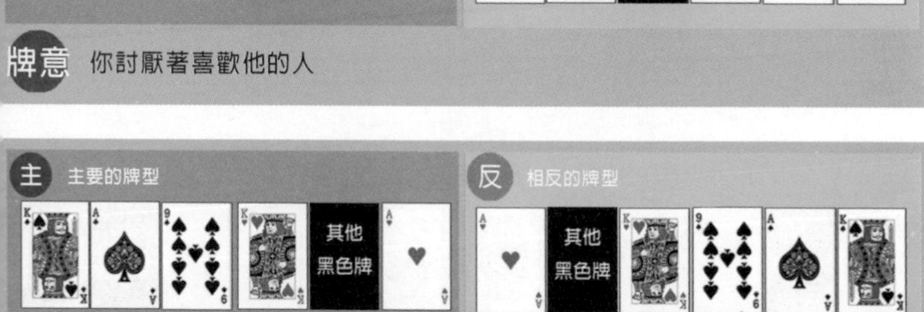

牌意 他有另一半的跡象,而你對他某些地方感到討厭或挑剔

牌意 你在乎你的朋友,也喜歡他,他因此感到壓力或有外在壓力在困擾著他

牌意 你在乎的朋友喜歡著他,他因此而困擾,又或者其他外在壓力現困擾著他

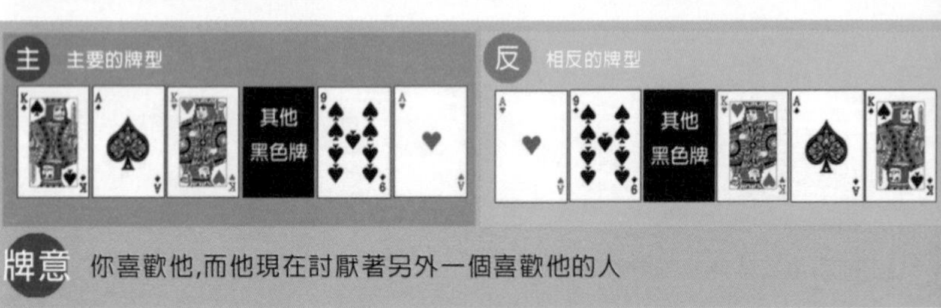

牌意 你喜歡他,而他現在討厭著另外一個喜歡他的人

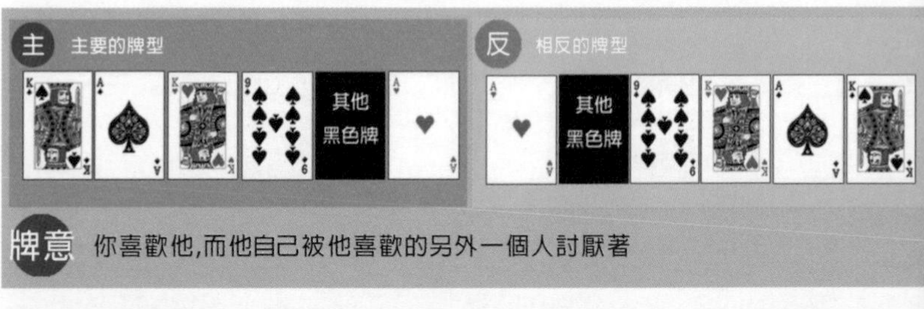

牌意 你喜歡他,而他自己被他喜歡的另外一個人討厭著

牌意 你和他想法相近無代溝像知己,你也喜歡他,而他討厭著你身邊某位朋友

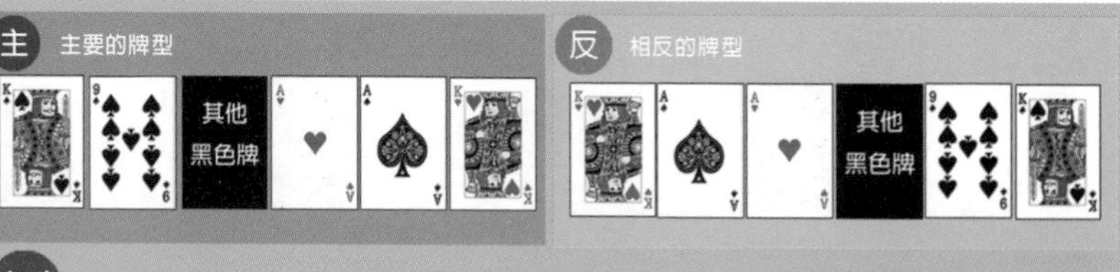

牌意 你和他想法相近無代溝像知己,你也喜歡他,但他喜歡的人討厭著你

牌意 你喜歡他,但他對你在乎的某位朋友有興趣,且他對你不喜歡

牌意 你和他想法相近但他對你某個地方有挑剔討厭,而你在乎的某位朋友喜歡他

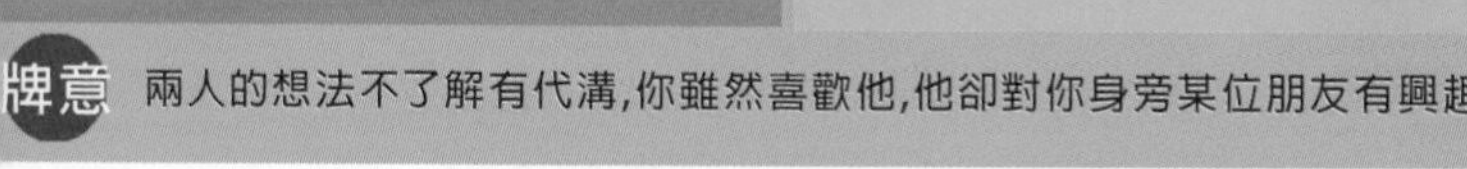

牌意 兩人的想法不了解有代溝,你雖然喜歡他,他卻對你身旁某位朋友有興趣

牌意 你們兩人互相喜歡,但他也痛是喜歡另一人,而你討厭那個人

牌意 兩人彼此互相喜歡,但他討厭著你在乎的某位朋友

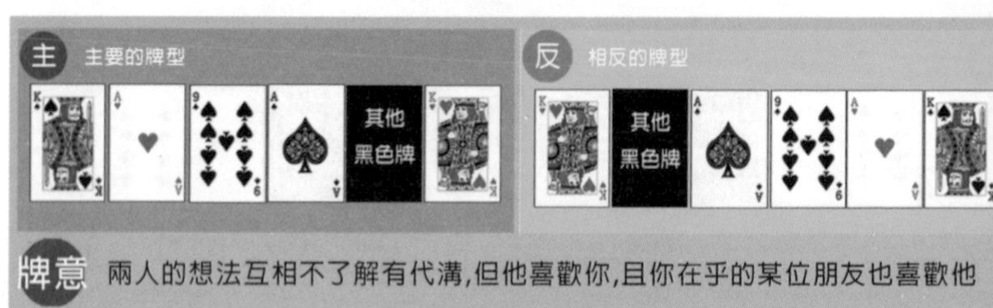

牌意 兩人的想法互相不了解有代溝,但他喜歡你,且你在乎的某位朋友也喜歡他

牌意 兩人想法相通無代溝,但你對他某方面有討厭,而他喜歡著你身旁某位朋友

牌意 他喜歡你,但你對他某方面有討厭,而他也同時喜歡你在乎的某位朋友

牌意 兩人想法相近無代溝,且他喜歡著你,但你在乎的某位朋友討厭著他

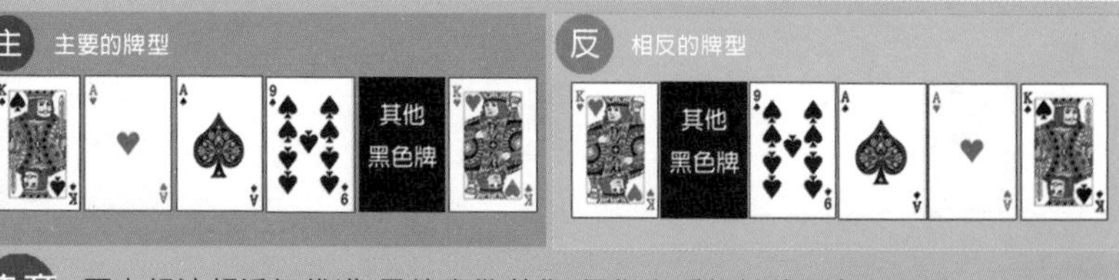

牌意 兩人想法相近無代溝,且他喜歡著你,但你在乎的某位朋友討厭他

牌意 你喜歡他,但他討厭著你身邊的某位朋友

牌意 你喜歡他,但他喜歡另一個人,且那個人討厭你

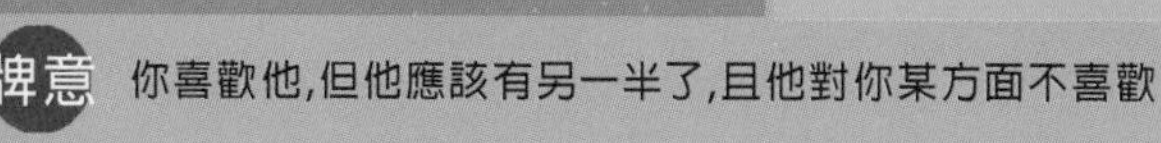

牌意 你喜歡他,但他應該有另一半了,且他對你某方面不喜歡

牌意 你在乎的某位朋友喜歡他,而他對你某方面有討厭

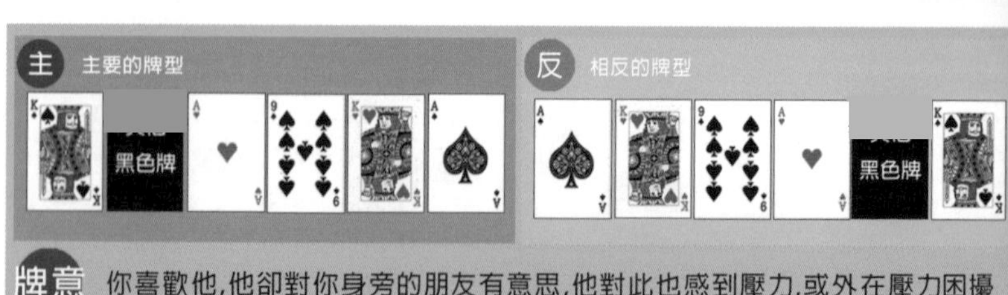

牌意 你喜歡他,他卻對你身旁的朋友有意思,他對此也感到壓力,或外在壓力困擾

牌意 你們互相喜歡,但他也另有意中人,而那個人卻討厭著他

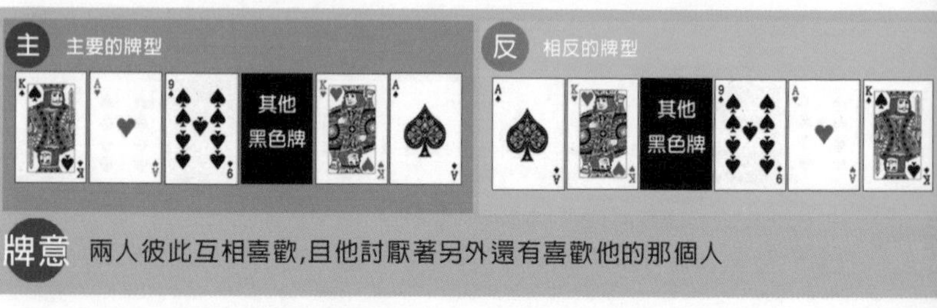

牌意 兩人彼此互相喜歡,且他討厭著另外還有喜歡他的那個人

牌意 他喜歡你,且你在乎的一個朋友也喜歡著他,他為此感到壓力,或外在壓力困擾

牌意 你對他某方面有討厭挑剔,而他對你身旁的某位朋友有意思

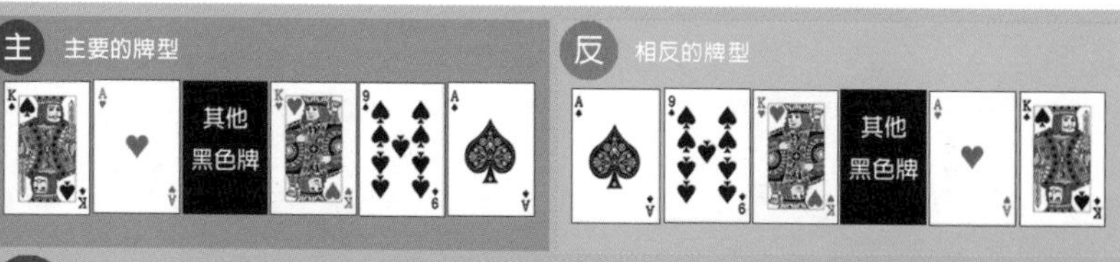

牌意 他喜歡你,但他有另一半的跡象,而你對他某方面有討厭或挑剔

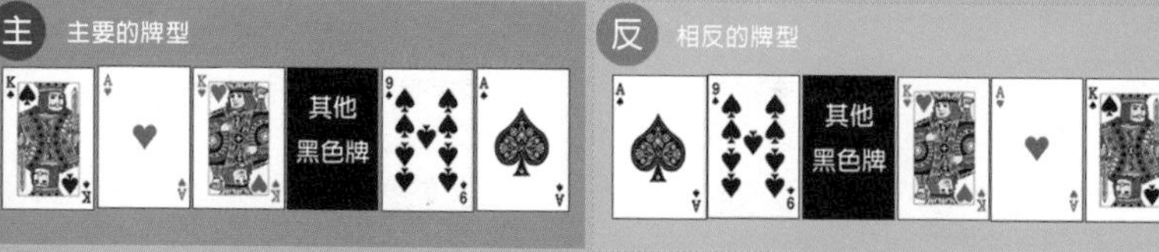

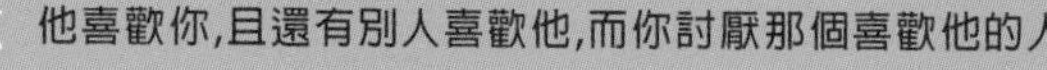

牌意 他喜歡你,且還有別人喜歡他,而你討厭那個喜歡他的人

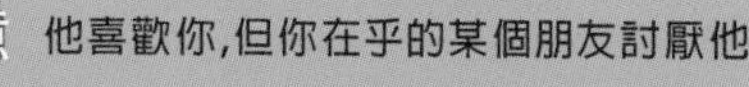

牌意 他喜歡你,但你在乎的某個朋友討厭他

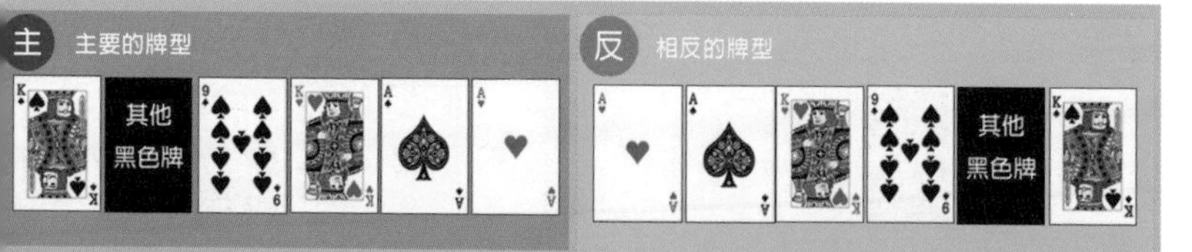

牌意 你和他想法相通無代溝如知己,你喜歡他,但你身旁的某位朋友討厭他

牌意 你和他想法相通無代溝如知己,你喜歡他,但某人也喜歡他且討厭著你

牌意 你和他想法相通無代溝像知己,但平時難見面連絡,且你的某位好朋友喜歡他

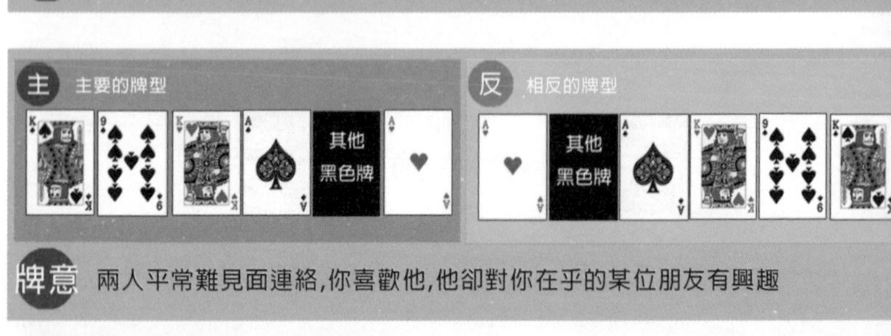

牌意 兩人平常難見面連絡,你喜歡他,他卻對你在乎的某位朋友有興趣

牌意 兩人想法相通無代溝如知己,只是你對他某方面有討厭,而你身旁朋友喜歡他

牌意 兩人想法相通無代溝如知己,平時也常連絡見面,只是你討厭另外喜歡他的人

牌意 兩人想法相通無代溝如知己,平時也常連絡見面,只是你某個好朋友討厭他

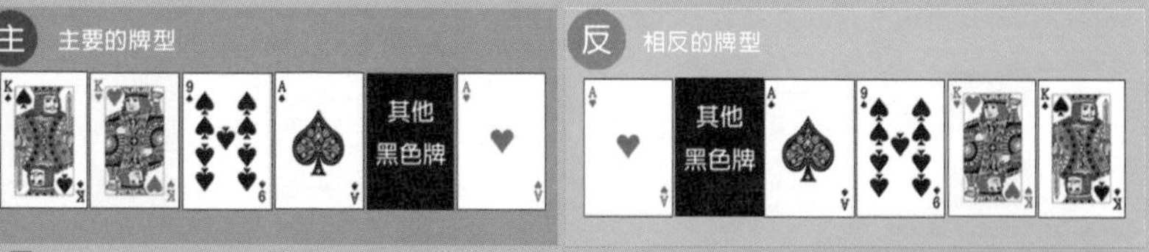

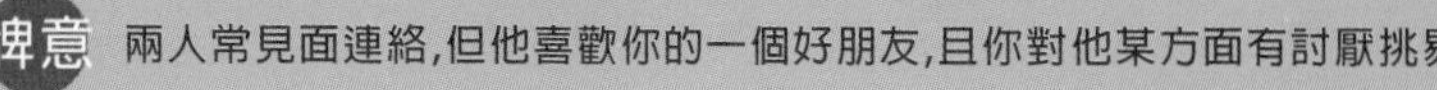
牌意 兩人常見面連絡,但他喜歡你的一個好朋友,且你對他某方面有討厭挑剔

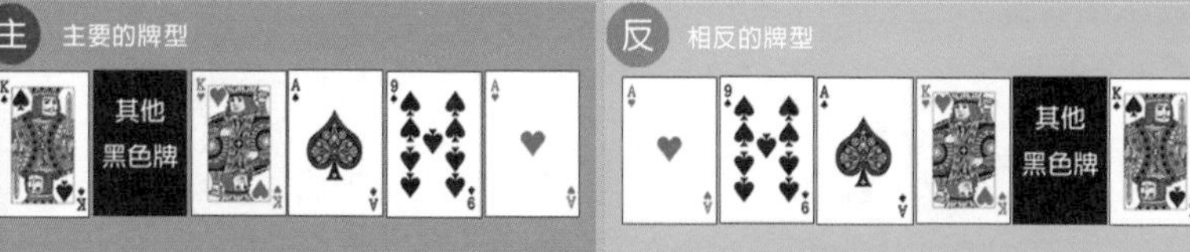

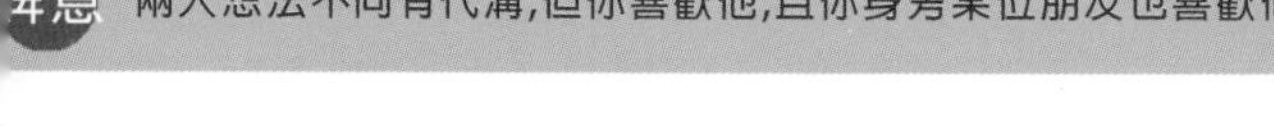
牌意 兩人想法不同有代溝,但你喜歡他,且你身旁某位朋友也喜歡他

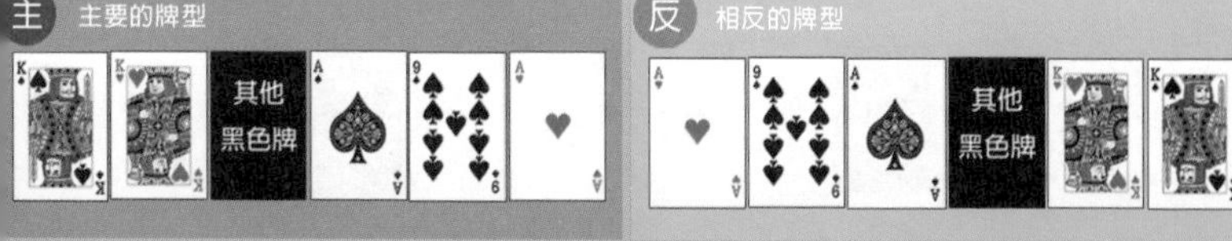

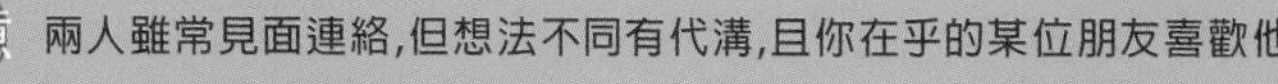
牌意 兩人雖常見面連絡,但想法不同有代溝,且你在乎的某位朋友喜歡他

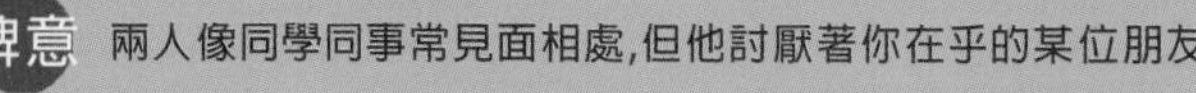
牌意 兩人像同學同事常見面相處,但他討厭著你在乎的某位朋友

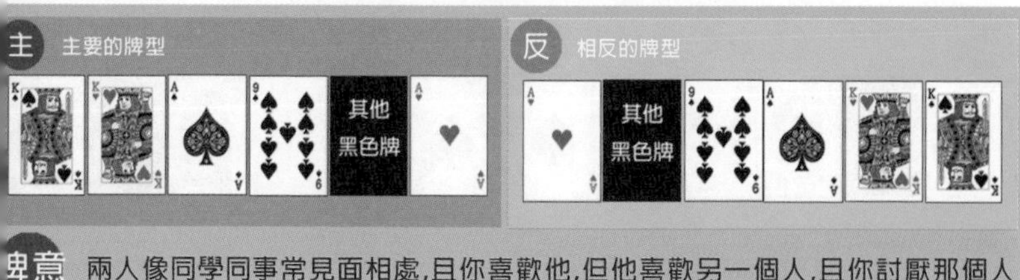

牌意 兩人像同學同事常見面相處,且你喜歡他,但他喜歡另一個人,且你討厭那個人

牌意 兩人想法相近無代溝如知己,但你身旁某位朋友討厭他

牌意 兩人想法相通無代溝如知己,但另外喜歡他的某人討厭著你

牌意 兩人心靈相通,但平時難見面連絡,而他有另一半的跡象

牌意 兩人平常難見面相處,且他喜歡的是你在乎的某位朋友

牌意 兩人心靈相通,但你身旁某位朋友喜歡他,他因此而感到壓力,或外在因素困擾

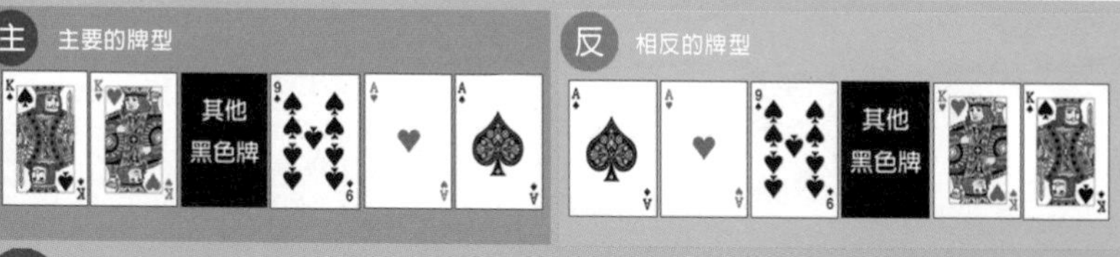

牌意　兩人心靈相通有默契,平時也常見面連絡,而他卻討厭另外一個喜歡他的人

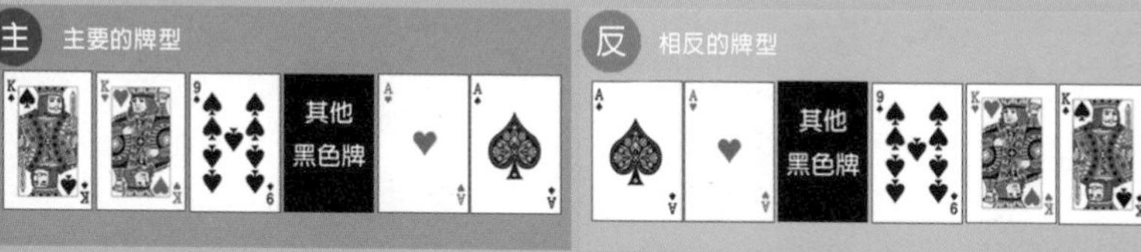

牌意　兩人心靈相通也常見面連絡,但他卻喜歡上了一個討厭他的人

牌意　兩人常見面相處,而他喜歡你的好朋友,他為此感到壓力,或外在壓力困擾著

牌意　兩人想法不相通,且你身旁的某位朋友喜歡著他

牌意　兩人常見面相處,但想法並不了解,而他已經有另一半的跡象

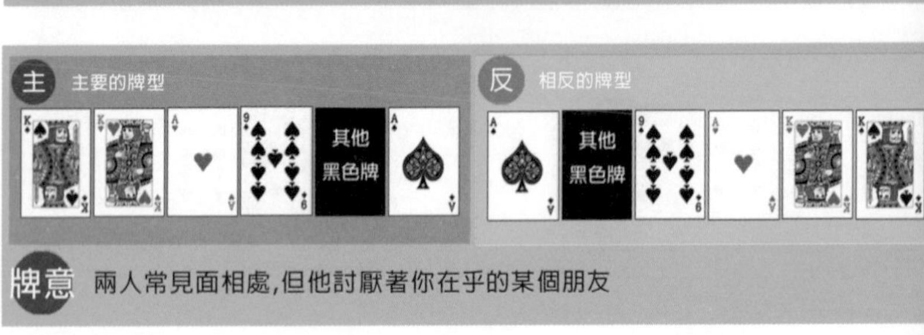

你的心和他的心靠在一起的時候
大部分都會是無話不談好朋友知己的意思
但也會有你和他不熟悉的時候
那就代表你和他的價值觀想法相同

愛上了就是愛上了……

Amy 處女座

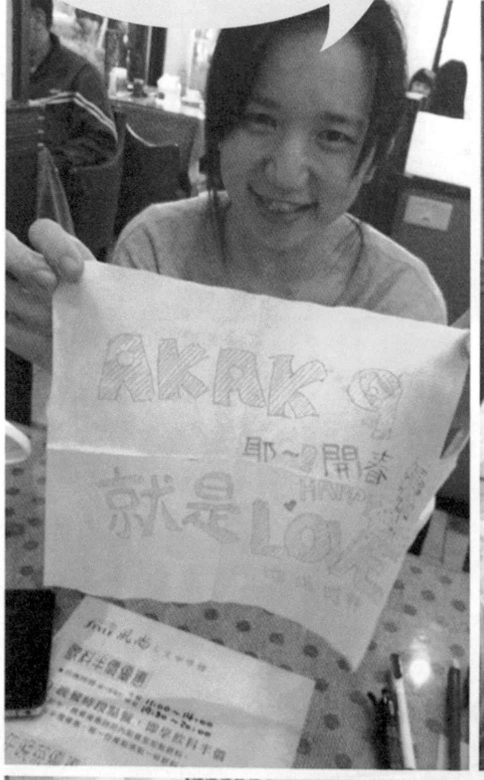

趴趴走
第三站

6張牌 / 黑桃K開頭+其他紅色牌

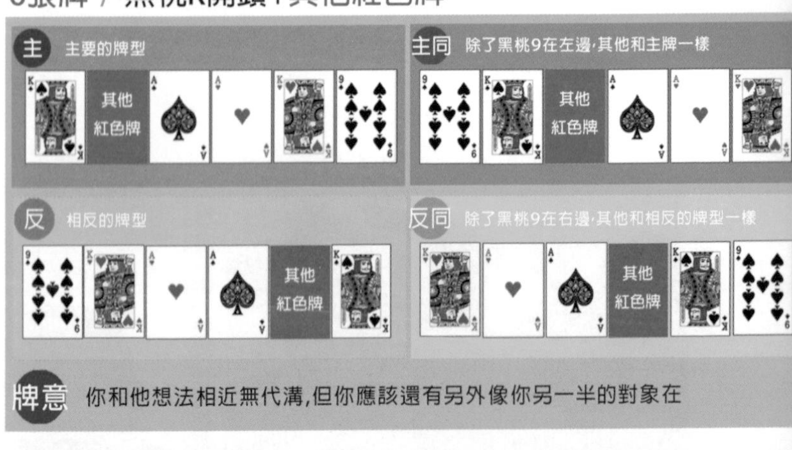

牌意 你和他想法相近無代溝,但你應該還有另外像你另一半的對象在

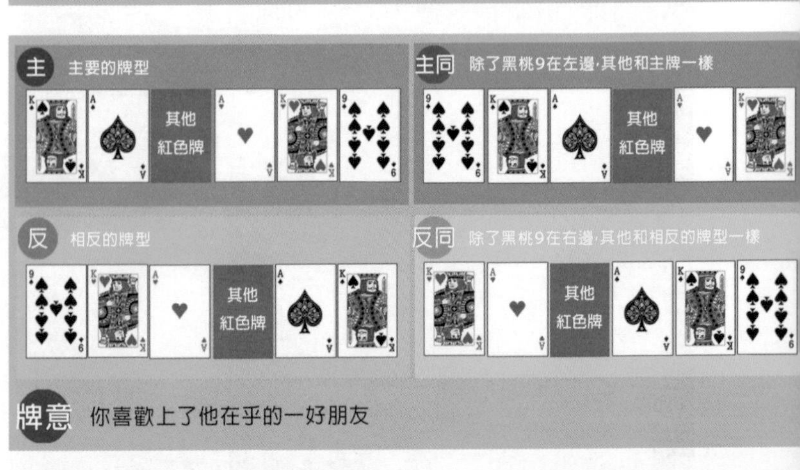

牌意 你喜歡上了他在乎的一好朋友

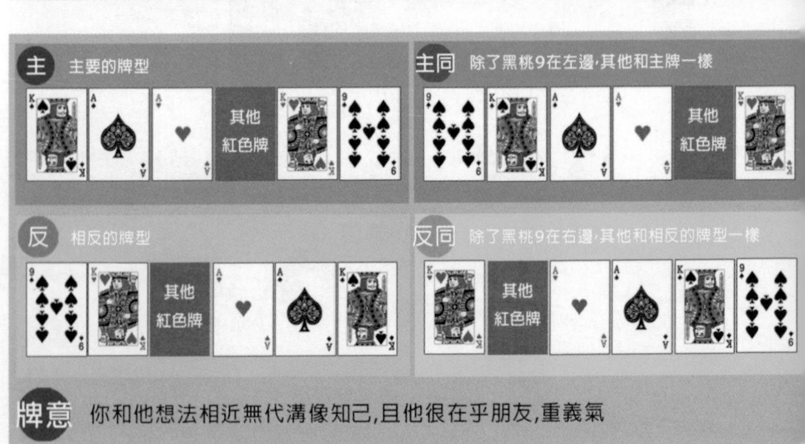

牌意 你和他想法相近無代溝像知己,且他很在乎朋友,重義氣

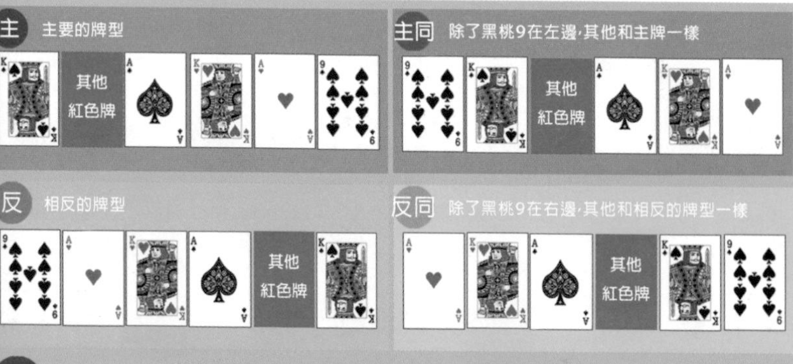

牌意 你喜歡他,但你也喜歡另一個人,且那個人也喜歡著你

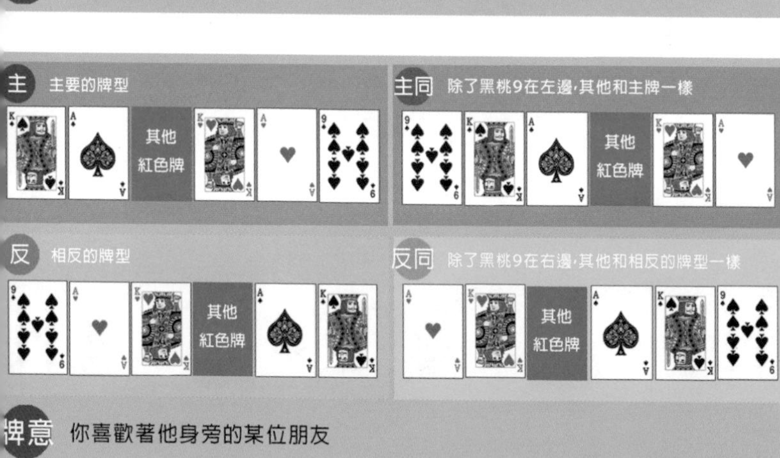

牌意 你喜歡著他身旁的某位朋友

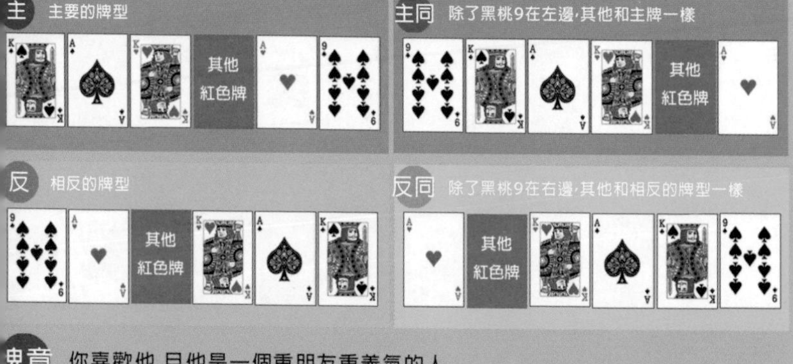

牌意 你喜歡他,且他是一個重朋友重義氣的人

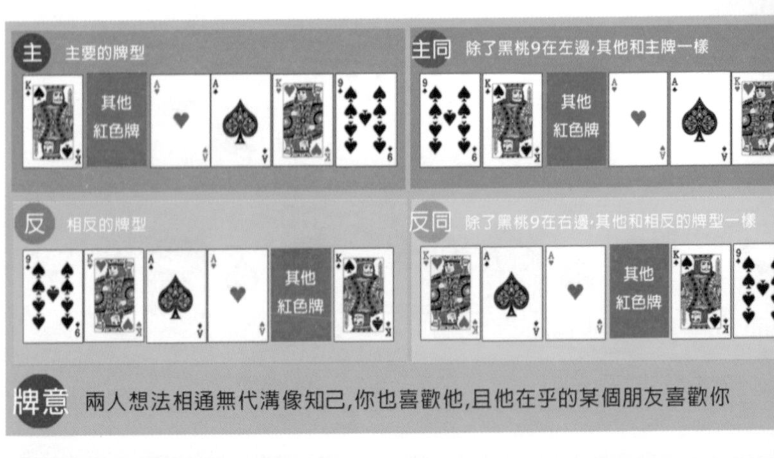
主 主要的牌型
其他紅色牌
主同 除了黑桃9在左邊·其他和主牌一樣
其他紅色牌
反 相反的牌型
其他紅色牌
反同 除了黑桃9在右邊·其他和相反的牌型一樣
其他紅色牌
牌意 兩人想法相通無代溝像知己,你也喜歡他,且他在乎的某個朋友喜歡你

主 主要的牌型
其他紅色牌
主同 除了黑桃9在左邊·其他和主牌一樣
其他紅色牌
反 相反的牌型
其他紅色牌
反同 除了黑桃9在右邊·其他和相反的牌型一樣
其他紅色牌
牌意 你們互相喜歡，但你也同時喜歡他在乎的某位朋友

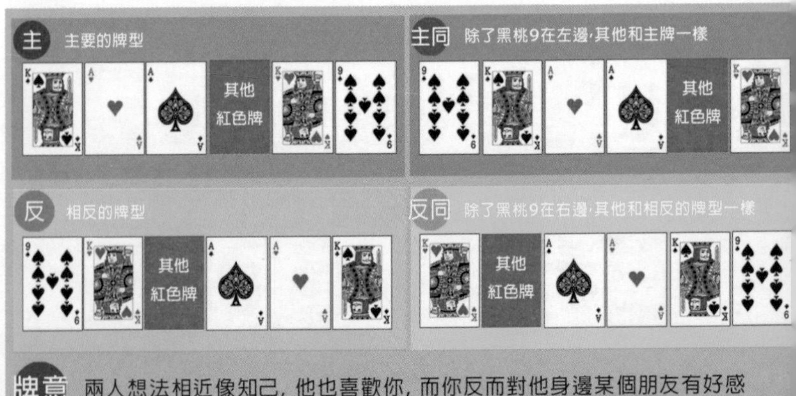
主 主要的牌型
其他紅色牌
主同 除了黑桃9在左邊·其他和主牌一樣
其他紅色牌
反 相反的牌型
其他紅色牌
反同 除了黑桃9在右邊·其他和相反的牌型一樣
其他紅色牌
牌意 兩人想法相近像知己，他也喜歡你，而你反而對他身邊某個朋友有好感

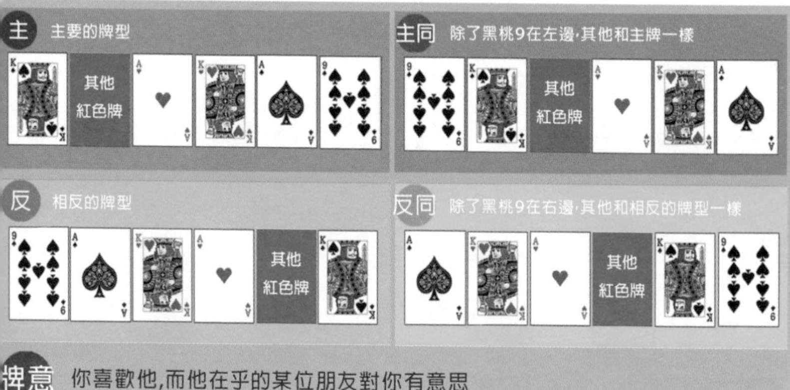

牌意 你喜歡他,而他在乎的某位朋友對你有意思

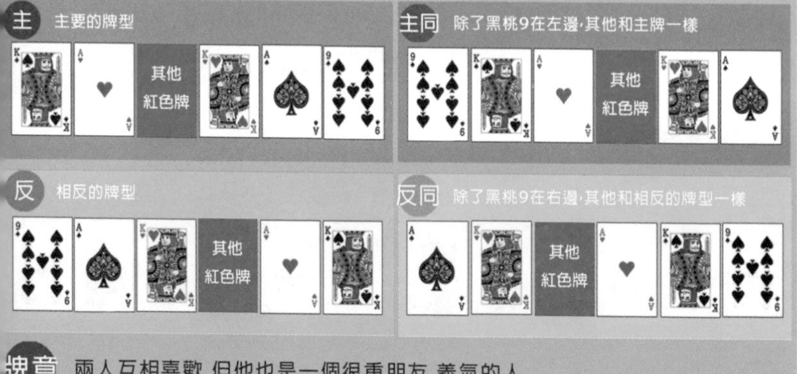

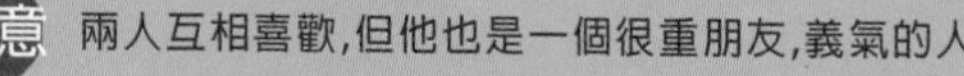

牌意 兩人互相喜歡,但他也是一個很重朋友,義氣的人

牌意 他喜歡你,你對他身邊某個朋友有意思

主 主要的牌型

其他紅色牌

主同 除了黑桃9在左邊,其他和主牌一樣

其他紅色牌

反 相反的牌型

其他紅色牌

反同 除了黑桃9在右邊,其他和相反的牌型一樣

其他紅色牌

牌意 兩人常見面相處,且想法相近無代溝也像知己,但你也喜歡他身邊某位朋友

主 主要的牌型

其他紅色牌

主同 除了黑桃9在左邊,其他和主牌一樣

其他紅色牌

反 相反的牌型

其他紅色牌

反同 除了黑桃9在右邊,其他和相反的牌型一樣

其他紅色牌

牌意 你喜歡他,兩人也像同學同事般常見面相處,你也對他在乎的某位朋友有意思

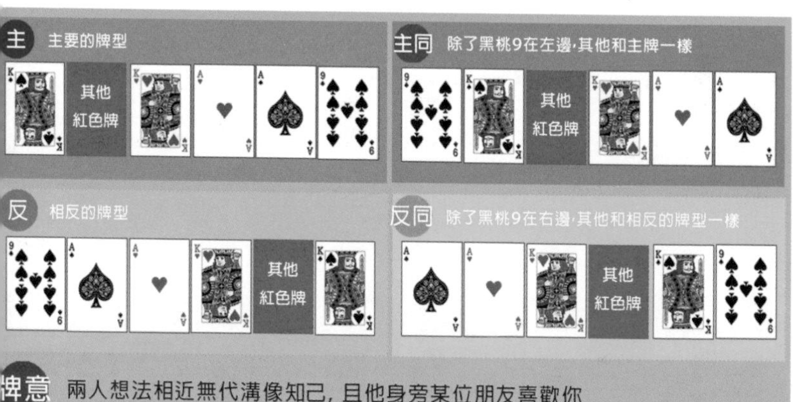

牌意 兩人想法相近無代溝像知己, 且他身旁某位朋友喜歡你

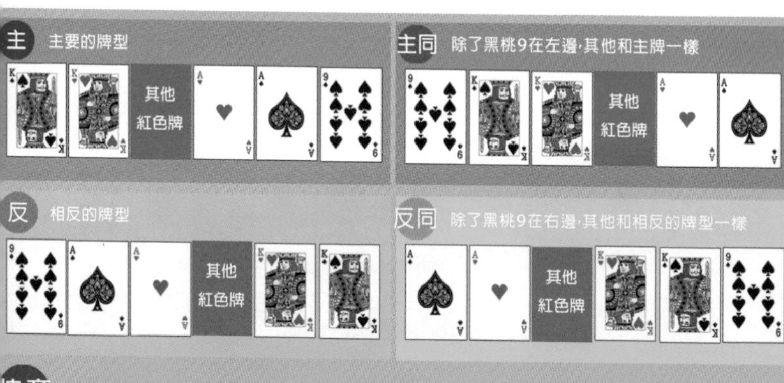

牌意 兩人想法相近無代溝像知己,平常也常連絡見面相處,且他很重朋友

牌意 兩人像同學同事般常見面聯絡,且你對他在乎的一個朋友有興趣

牌意 你和他想法相近無代溝像知己,而你目前討厭著另外喜歡你的人

牌意 你和他想法相通無代溝像知己,而你喜歡上了一個不喜歡你的人

牌意 你喜歡上他在乎的一個朋友,你因此而感到壓力或有其他外在壓力困擾著你

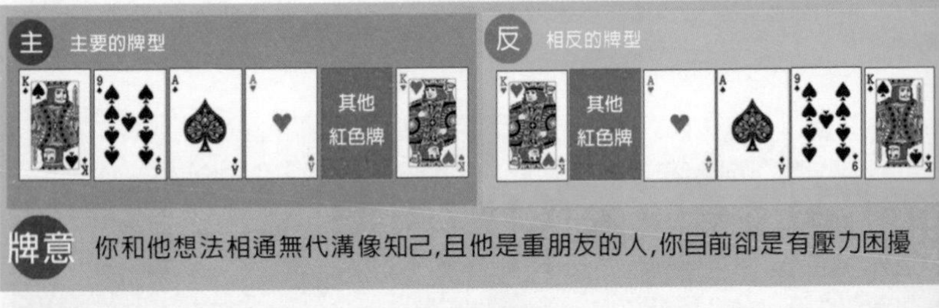

牌意 你和他想法相通無代溝像知己,且他是重朋友的人,你目前卻是有壓力困擾

牌意 兩人的心互相不了解無法溝通,而你目前也有喜歡他人,而那個人也喜歡你

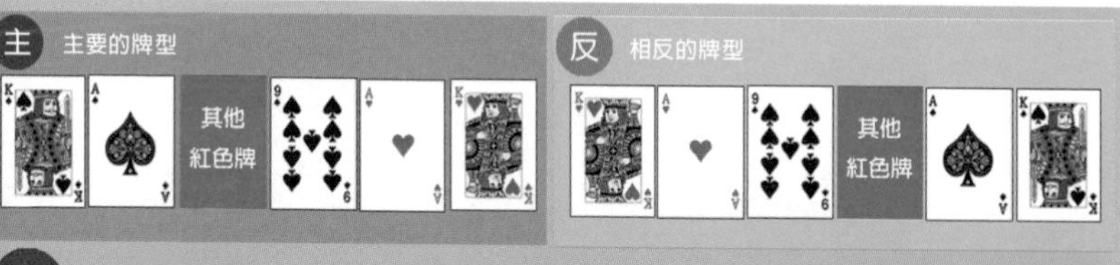

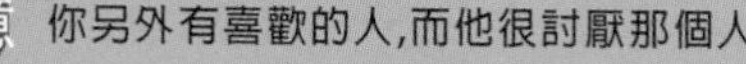

牌意 你另外有喜歡的人,而他很討厭那個人

牌意 你討厭著他在乎的某個人

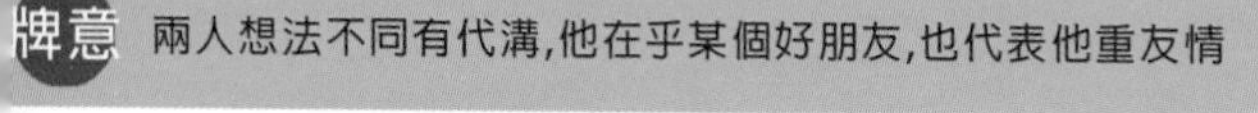

牌意 兩人想法不同有代溝,他在乎某個好朋友,也代表他重友情

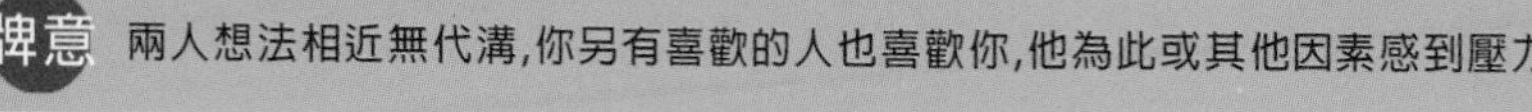

牌意 兩人想法相近無代溝,你另有喜歡的人也喜歡你,他為此或其他因素感到壓力

牌意 你喜歡他在乎的某個人,他為此感到壓力,或現有其他壓力在困擾著他

牌意 兩人想法相通無代溝像知己,但他現在面臨好朋友誤會他討厭他的事情

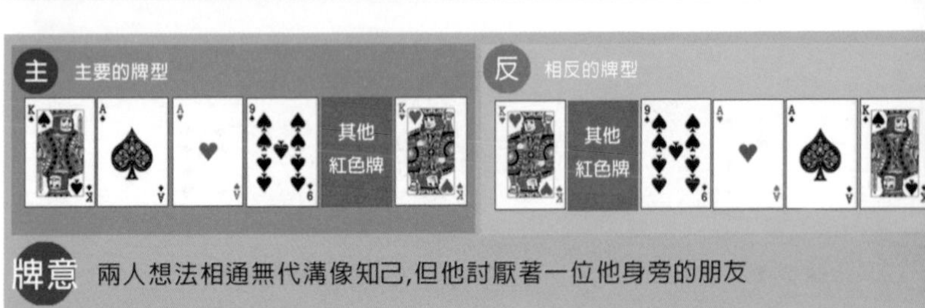

牌意 兩人想法相通無代溝像知己,但他討厭著一位他身旁的朋友

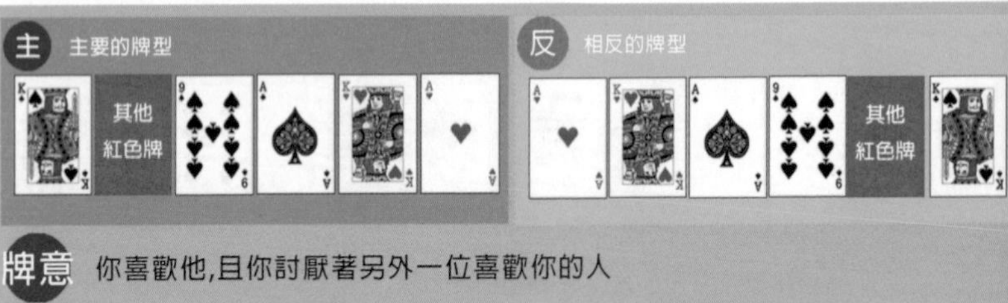

牌意 你喜歡他,且你討厭著另外一位喜歡你的人

牌意 你喜歡他,但你也還有另一位喜歡的人,但那個人不喜歡你

牌意 你喜歡在他身旁的某位朋友,你為此感到壓力或者有外在壓力正困擾著你

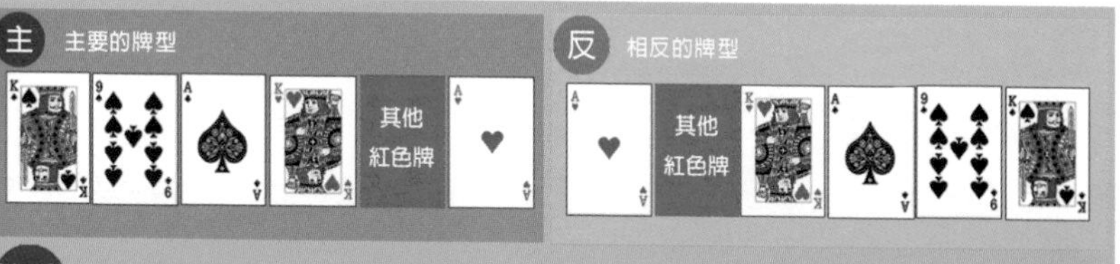

牌意 你喜歡他,且你為此感到壓力或外在因素造成,而他是一個重朋友的個性

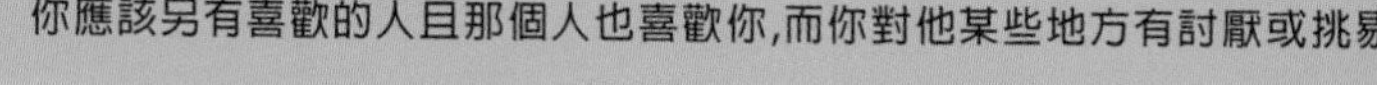

牌意 你應該另有喜歡的人且那個人也喜歡你,而你對他某些地方有討厭或挑剔

牌意 你另有喜歡的人,且那個人討厭著他

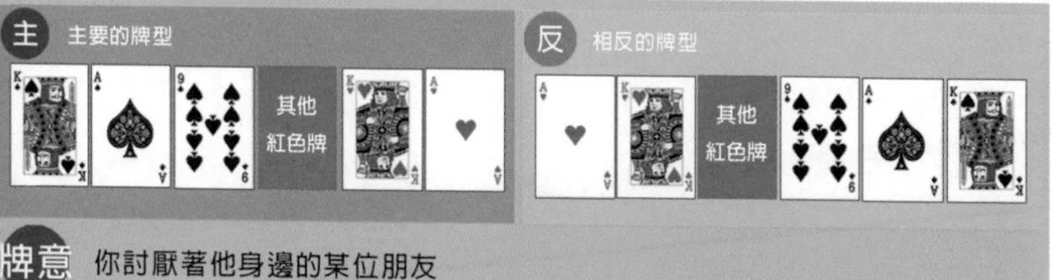

牌意 你討厭著他身邊的某位朋友

牌意 你對他某些地方有挑剔討厭,而他是一個重朋友的人

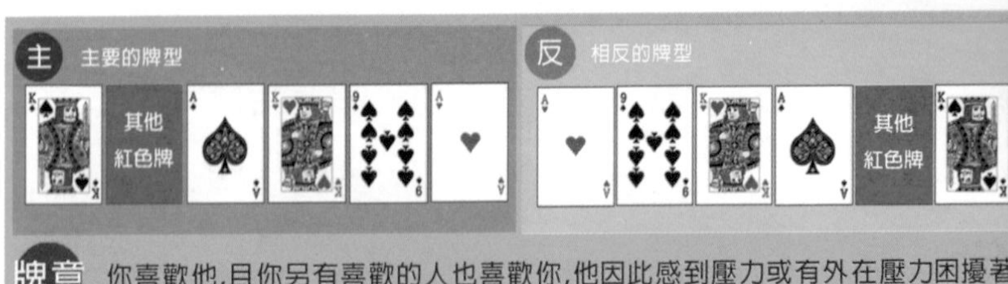

牌意 你喜歡他,且你另有喜歡的人也喜歡你,他因此感到壓力或有外在壓力困擾著

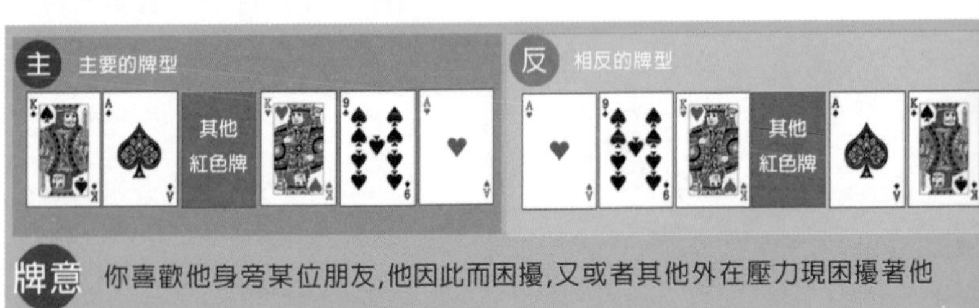

牌意 你喜歡他身旁某位朋友,他因此而困擾,又或者其他外在壓力現困擾著他

牌意 你喜歡他,而他現在討厭著他身旁的某位朋友

牌意 你喜歡他,而他目前被一個他的好朋友誤會討厭著

牌意 你和他想法相近無代溝像知己,你也喜歡他,而他討厭著另外一位喜歡你的人

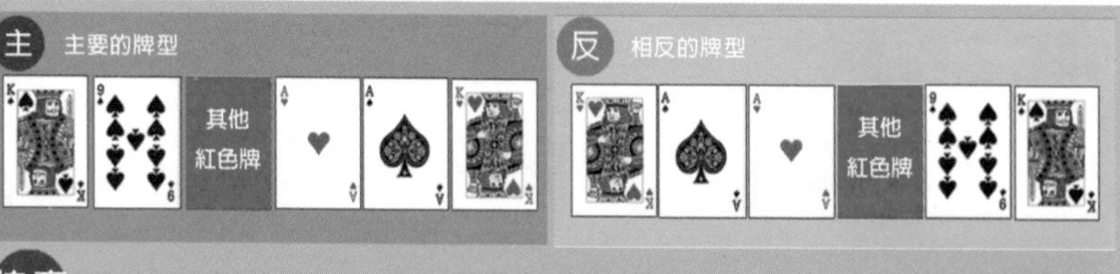

牌意 你和他想法相近無代溝像知己,你也喜歡他,但他在乎的某位朋友討厭你

牌意 你喜歡他,但你也對他在乎的另一位朋友有興趣,而他不喜歡你

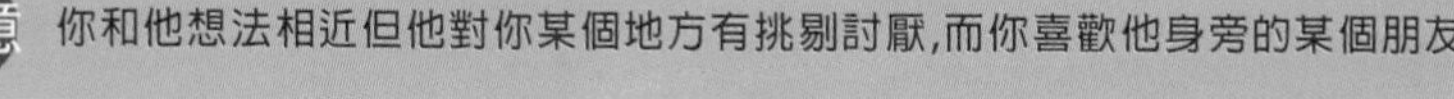
牌意 你和他想法相近但他對你某個地方有挑剔討厭,而你喜歡他身旁的某個朋友

牌意 兩人的想法不了解有代溝,你喜歡他,而他在乎的某個朋友喜歡你

牌意 你們兩人互相喜歡,但你討厭著他在乎的某個朋友

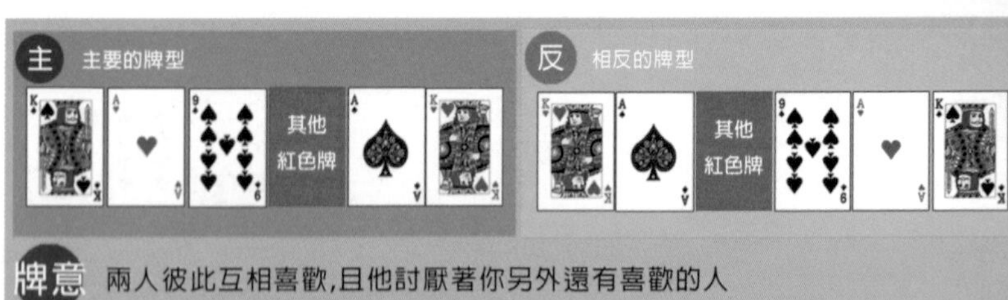

牌意 兩人彼此互相喜歡,且他討厭著你另外還有喜歡的人

牌意 兩人的想法互相不了解有代溝,他喜歡你,但你對他身旁的某個朋友有興趣

牌意 兩人想法相通無代溝,但你對他某方面有討厭,而他在乎的某位朋友喜歡你

牌意 他喜歡你,但你對他某些地方有挑剔討厭, 且你喜歡著她在乎的某個朋友

牌意 兩人想法相近無代溝,且他喜歡著你,但你另外喜歡的人卻討厭著他

牌意 兩人想法相近無代溝,且他喜歡著你,但你討厭著他身旁的某位朋友

牌意 你喜歡他,但他討厭著另外某位喜歡你的人

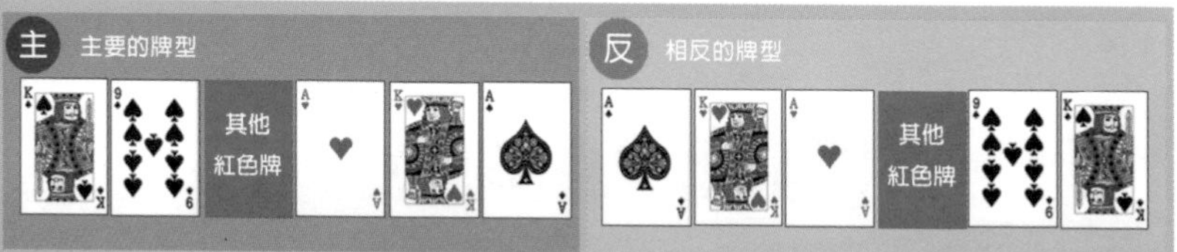

牌意 你喜歡他,但他在乎的某位朋友討厭著你

牌意 你喜歡他,但他對你某些地方討厭有挑剔,而他也是一個重朋友的人

牌意 你喜歡他身旁的某位朋友, 而他似乎為了這個討厭你,或他對你其他有挑剔

牌意 你喜歡他,他在乎的某個朋友喜歡你,他對此也感到壓力,或外在壓力困擾

牌意 你們互相喜歡,但他在乎的某個朋友目前誤解他討厭他

牌意 兩人彼此互相喜歡,且他討厭著他身旁的某個朋友

牌意 他喜歡你,你對他身旁的某個朋友有興趣,他為此感到壓力,或外在壓力困擾

牌意 你對他某方面有討厭挑剔,而他在乎的某個朋友喜歡你

牌意 他喜歡你且他是一個重友情的人,而你對他為此或者某方面有討厭或挑剔

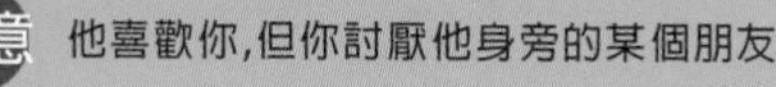

牌意 他喜歡你,但你討厭他身旁的某個朋友

牌意 他喜歡你,但你另外喜歡的人討厭他

牌意 你和他想法相通無代溝如知己,你喜歡他,但另外喜歡你的人討厭他

牌意 你和他想法相通無代溝如知己,你喜歡他,但他身旁的某個朋友討厭你

牌意　你和他想法相通無代溝像知己,但平時難見面連絡,且你喜歡他身旁某個朋友

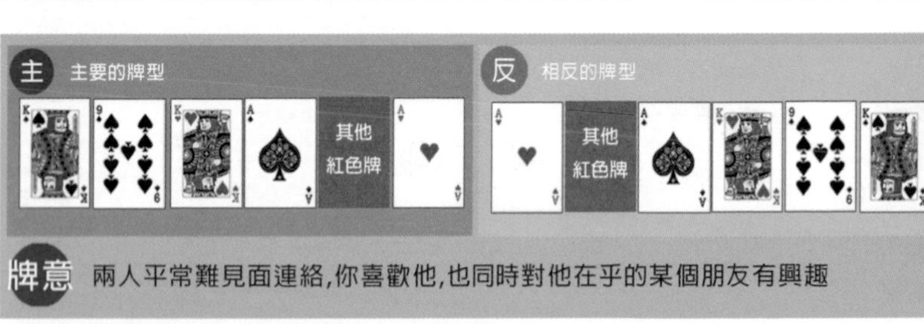

牌意　兩人平常難見面連絡,你喜歡他,也同時對他在乎的某個朋友有興趣

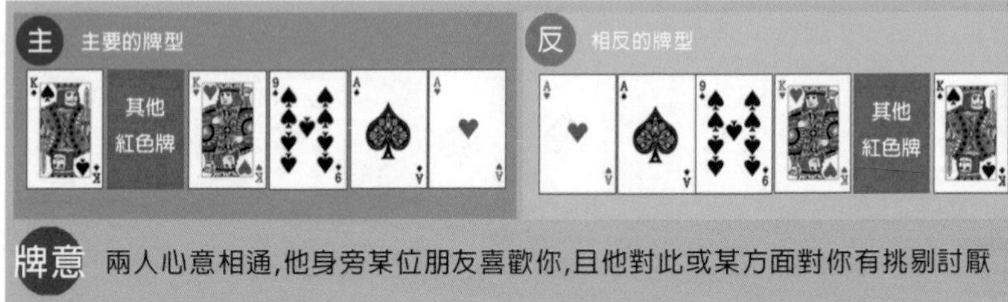

牌意　兩人心意相通,他身旁某位朋友喜歡你,且他對此或某方面對你有挑剔討厭

牌意　兩人想法相通無代溝如知己,平時也常連絡見面,但你討厭他身旁某位朋友

牌意　兩人想法相通無代溝如知己,平時也常連絡見面,但你喜歡的另一人討厭他

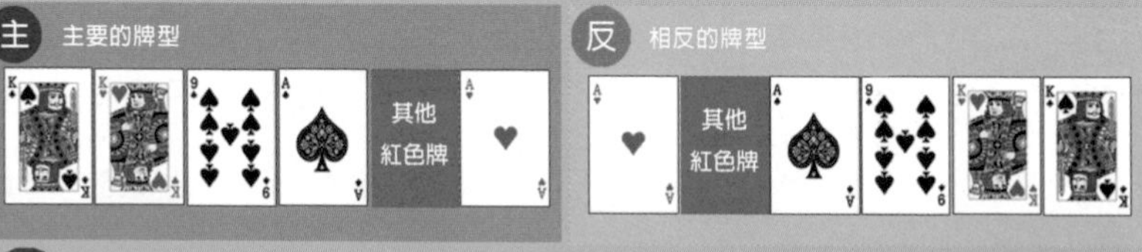

牌意 兩人常見面連絡,但你對他某方面有討厭挑剔, 且你喜歡他在乎的某個朋友

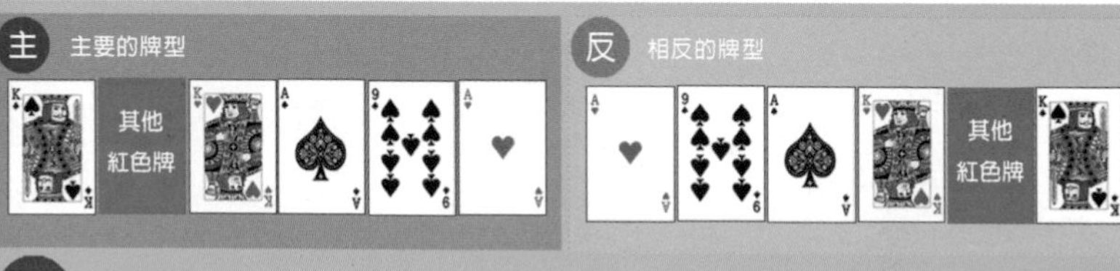

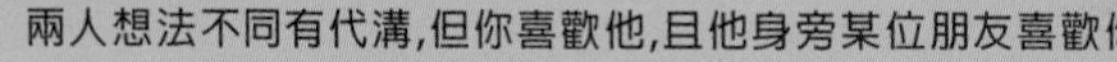
牌意 兩人想法不同有代溝,但你喜歡他,且他身旁某位朋友喜歡你

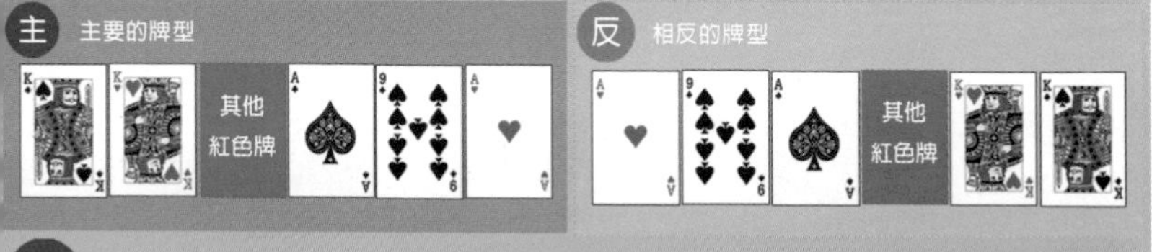

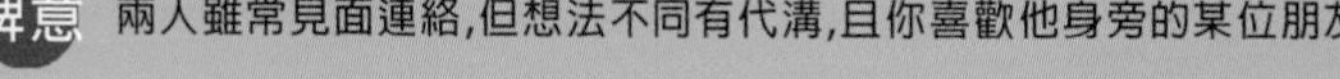
牌意 兩人雖常見面連絡,但想法不同有代溝,且你喜歡他身旁的某位朋友

牌意 兩人像同學同事常見面相處,你喜歡他,且他討厭著你另外喜歡的人

牌意 兩人像同學同事常見面相處,且你喜歡他,但討厭著他在乎的某個朋友

牌意 兩人想法一致無代溝,而另外喜歡你的人討厭著他

牌意 兩人想法相近無代溝,但他身旁某個人討厭著你

牌意 兩人想法想近無知己,但平常難見面相處,而他也很在乎他的好朋友

牌意 兩人平常難見面相處,而你對他在乎的某個人有好感

牌意 兩人想法一致無代溝,而他身旁某個人喜歡你,他為此或其他因素感到壓力

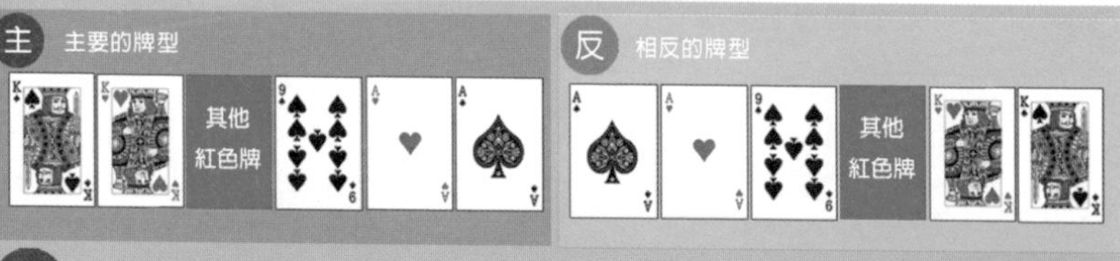

牌意 兩人心靈相通有默契,平時也常見面連絡,而他討厭著他身旁的某位朋友

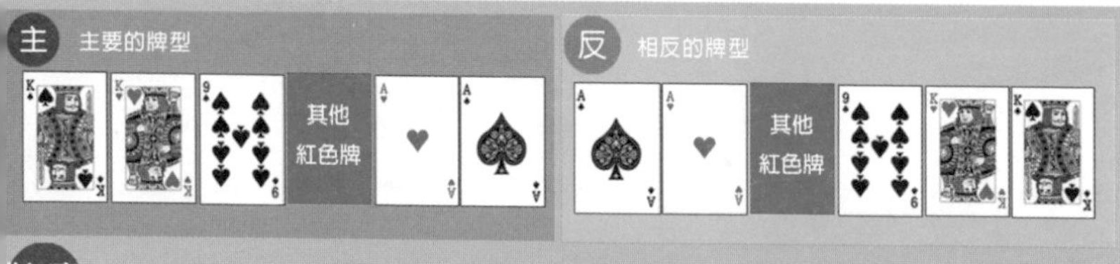

牌意 兩人心靈相通也常見面連絡,但他卻被他在乎的某個朋友誤會討厭了

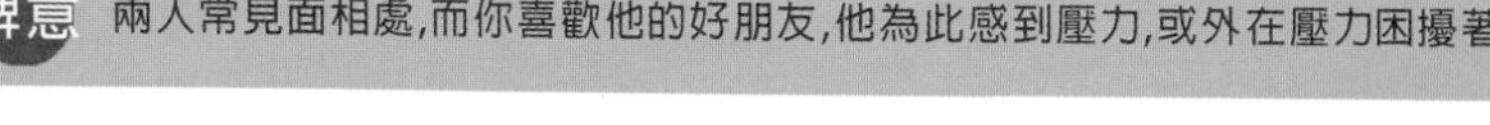
牌意 兩人常見面相處,而你喜歡他的好朋友,他為此感到壓力,或外在壓力困擾著

牌意 兩人想法不相通,且他身旁的某位朋友喜歡著你

牌意 兩人常見面相處,但想法並不了解,而他是一個重朋友的人

牌意 兩人常見面相處,但你討厭著他在乎的某個朋友

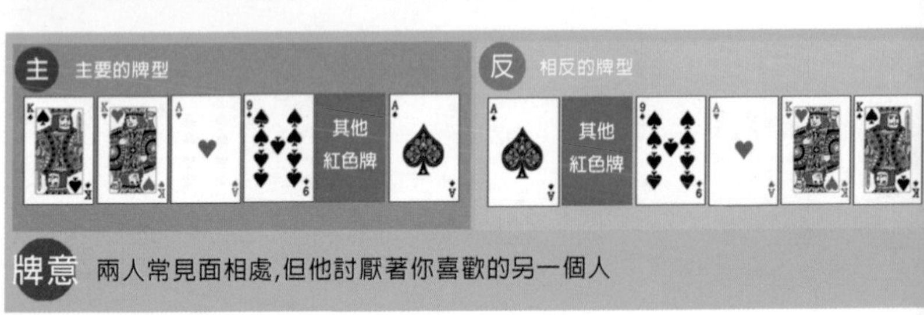

牌意 兩人常見面相處,但他討厭著你喜歡的另一個人

你的人和他的人中間夾著9,
不一定是遠距離, 有時候是因為
電話壞掉,工作太忙,日夜顛倒
有時差,相聚時間太短造成的

原來愛情很簡單

Selina 天秤座

趴趴走
第四站

6張牌 / 紅心A開頭+其他黑色牌

牌意 兩人常見面相處像同學同事,而他喜歡你在乎的某位朋友

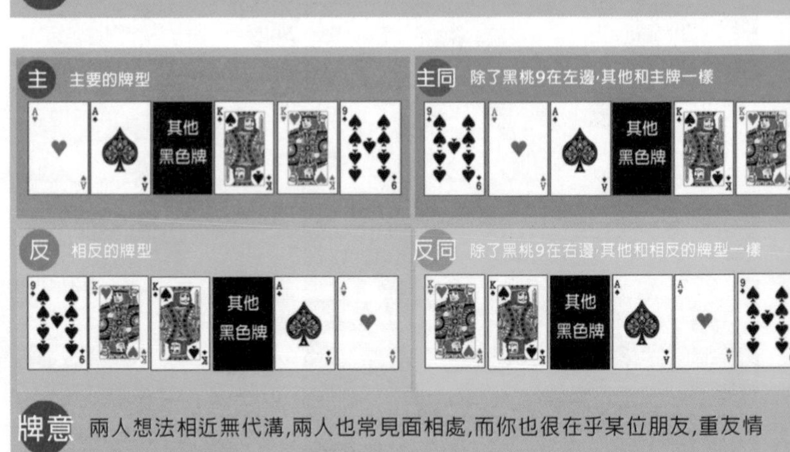

牌意 兩人想法相近無代溝,兩人也常見面相處,而你也很在乎某位朋友,重友情

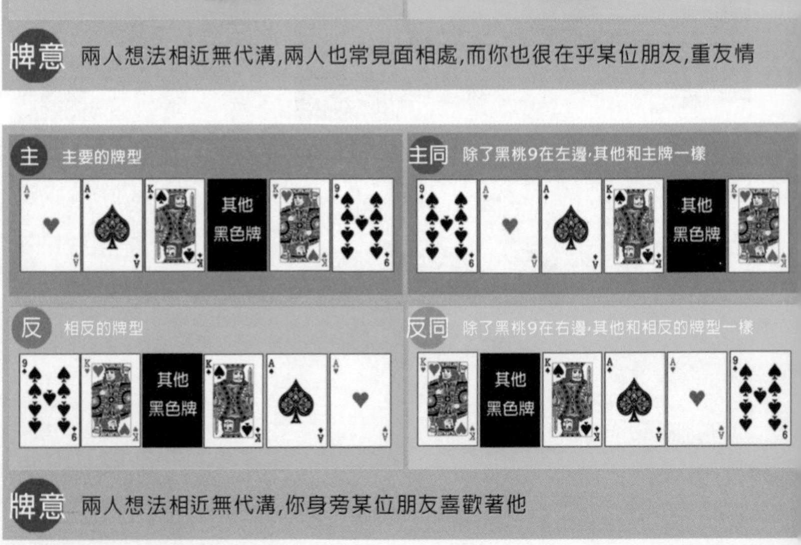

牌意 兩人想法相近無代溝,你身旁某位朋友喜歡著他

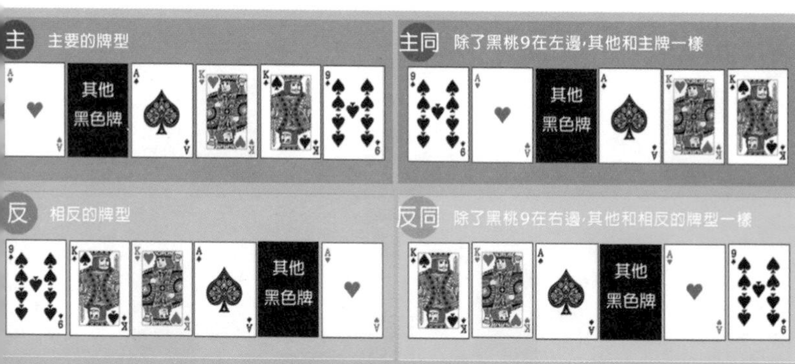

牌意 你和他像同學或同事常見面相處而已,而他喜歡你在乎的一位朋友

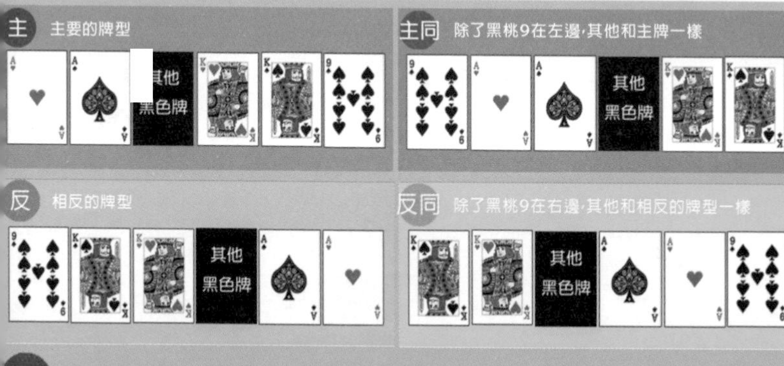

牌意 兩人常見面相處,想法也相近無代溝,而你在乎的某位朋友喜歡他

牌意 你喜歡他,和他也想法接近無代溝, 而你身旁還有某位朋友也喜歡他

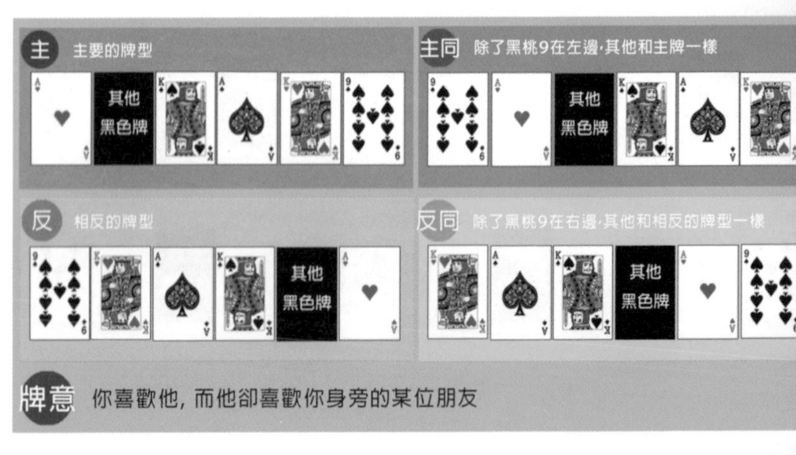
主 主要的牌型
其他黑色牌
主同 除了黑桃9在左邊·其他和主牌一樣
其他黑色牌
反 相反的牌型
其他黑色牌
反同 除了黑桃9在右邊·其他和相反的牌型一樣
其他黑色牌
牌意 你喜歡他，而他卻喜歡你身旁的某位朋友

主 主要的牌型
其他黑色牌
主同 除了黑桃9在左邊·其他和主牌一樣
其他黑色牌
反 相反的牌型
其他黑色牌
反同 除了黑桃9在右邊·其他和相反的牌型一樣
其他黑色牌
牌意 你們兩個互相喜歡，且你也很重視某位朋友，也代表你重朋友

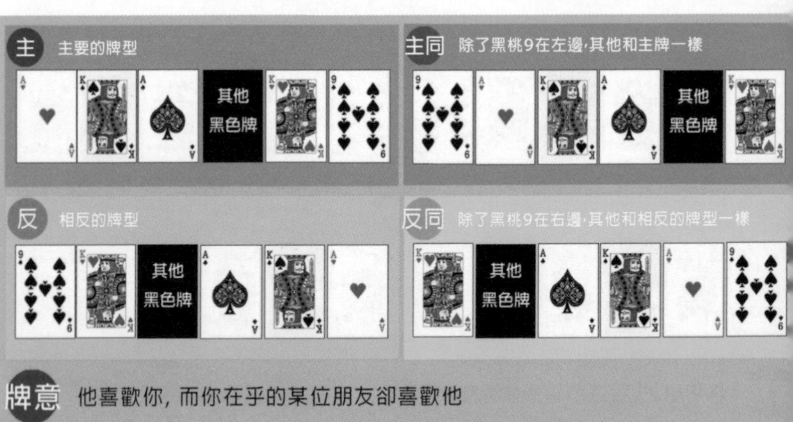
主 主要的牌型
其他黑色牌
主同 除了黑桃9在左邊·其他和主牌一樣
其他黑色牌
反 相反的牌型
其他黑色牌
反同 除了黑桃9在右邊·其他和相反的牌型一樣
其他黑色牌
牌意 他喜歡你，而你在乎的某位朋友卻喜歡他

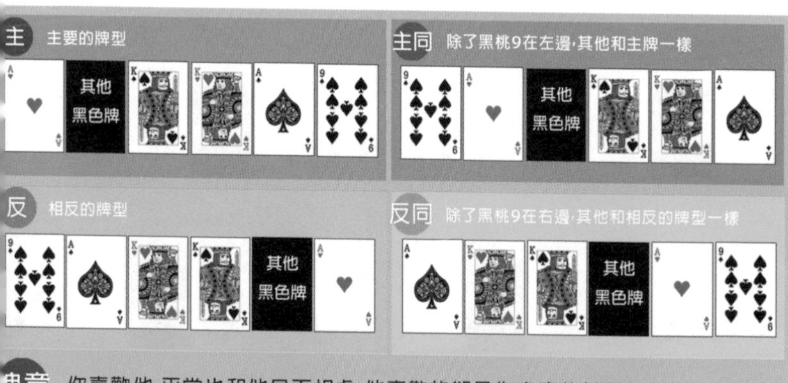

牌意 你喜歡他，平常也和他見面相處，他喜歡的卻是你身旁的某個朋友

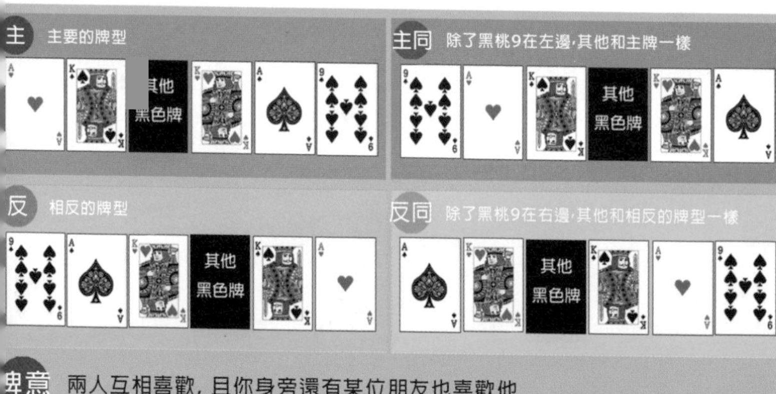

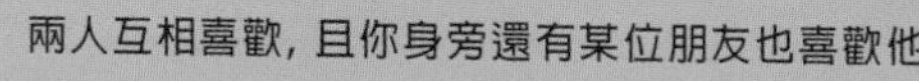

牌意 兩人互相喜歡，且你身旁還有某位朋友也喜歡他

牌意 你和他平時常相處見面，他也喜歡你，而你在乎的某個朋友卻喜歡他

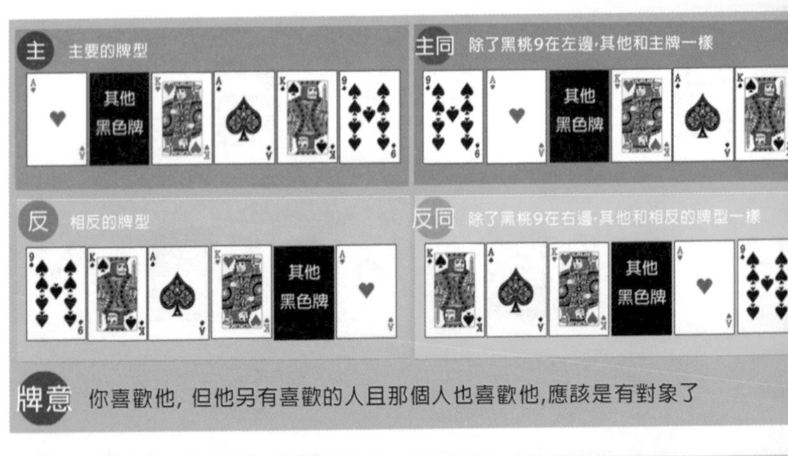
主 主要的牌型
其他黑色牌
主同 除了黑桃9在左邊·其他和主牌一樣
其他黑色牌
反 相反的牌型
其他黑色牌
反同 除了黑桃9在右邊·其他和相反的牌型一樣
其他黑色牌
牌意 你喜歡他，但他另有喜歡的人且那個人也喜歡他,應該是有對象了

主 主要的牌型
其他黑色牌
主同 除了黑桃9在左邊·其他和主牌一樣
其他黑色牌
反 相反的牌型
其他黑色牌
反同 除了黑桃9在右邊·其他和相反的牌型一樣
其他黑色牌
牌意 你在乎的某個朋友喜歡他

主 主要的牌型
其他黑色牌
主同 除了黑桃9在左邊·其他和主牌一樣
其他黑色牌
反 相反的牌型
其他黑色牌
反同 除了黑桃9在右邊·其他和相反的牌型一樣
其他黑色牌
牌意 你喜歡他,你也很重視某個朋友，也代表你是個重感情的人

主 主要的牌型

其他黑色牌

主同 除了黑桃9在左邊,其他和主牌一樣

其他黑色牌

反 相反的牌型

其他黑色牌

反同 除了黑桃9在右邊,其他和相反的牌型一樣

其他黑色牌

牌意 你喜歡他，兩人也常見面相處,但他另有喜歡的人且也喜歡著他,應該有對象

主 主要的牌型

其他黑色牌

主同 除了黑桃9在左邊,其他和主牌一樣

其他黑色牌

反 相反的牌型

其他黑色牌

反同 除了黑桃9在右邊,其他和相反的牌型一樣

其他黑色牌

牌意 你身旁的某位朋友喜歡著他

主 主要的牌型

主同 除了黑桃9在左邊,其他和主牌一樣

牌意 兩人像同學同事般常見面相處,而你也很重視你的朋友,你是重友情的人

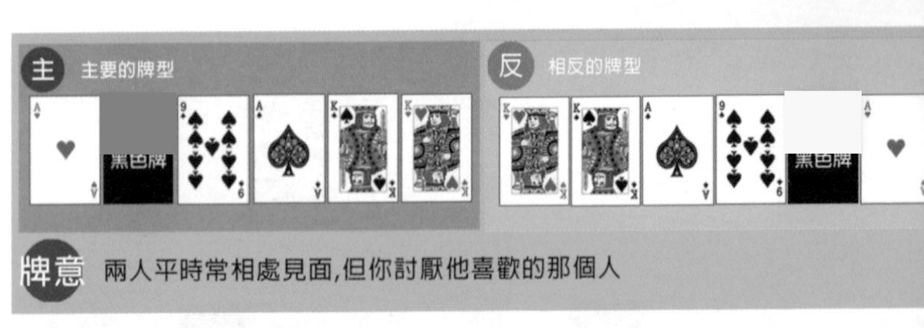

牌意 兩人平時常相處見面,但你討厭他喜歡的那個人

牌意 兩人平時常相處見面,但他討厭你在乎的某個人

牌意 兩人平時常相處見面,且你也很在乎某個朋友,但你和他想法不相通,有代溝

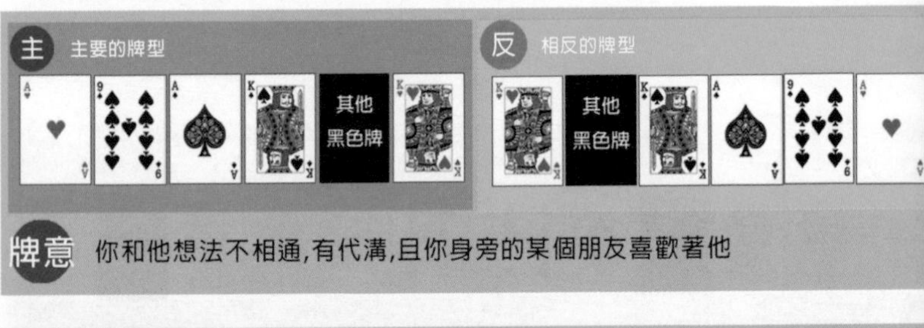

牌意 你和他想法不相通,有代溝,且你身旁的某個朋友喜歡著他

牌意 你和他常見面相處,但他喜歡你在乎的某個朋友,你為此或外在因素感到壓力

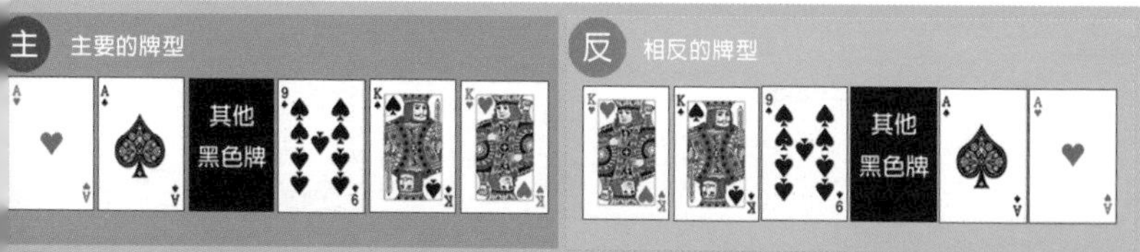

牌意　兩人想法相近無代溝,平時也常見面相處,只是目前你有某種壓力在困擾著你

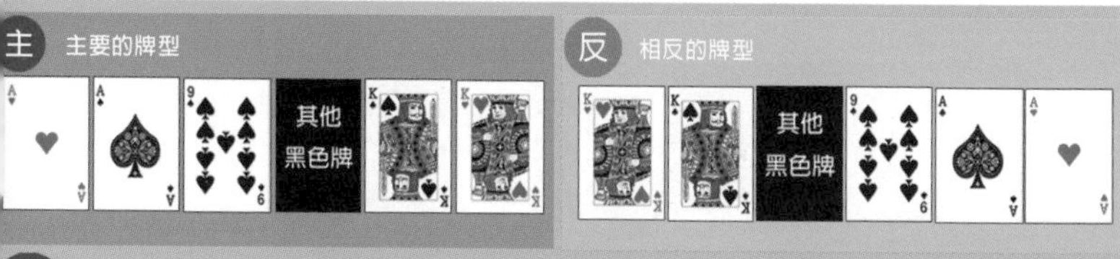

牌意　兩人想法相近無代溝,平時也常見面相處,但你討厭著你身旁的某個同性朋友

牌意　兩人想法相近無代溝,而你身旁某位朋友喜歡他,你為此或外在因素有壓力

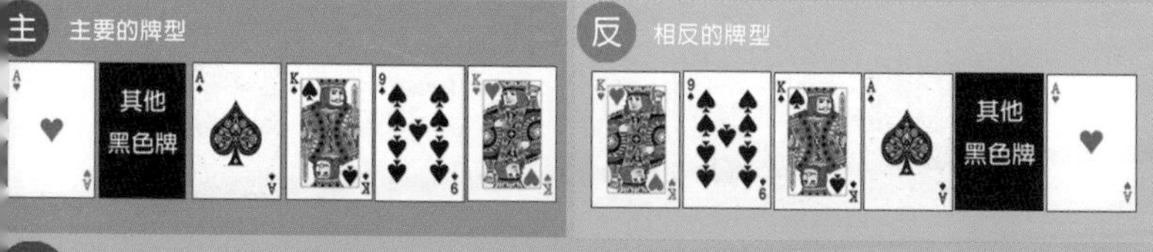

牌意　你和他不能常見面相處,而他喜歡上了你在乎的某個人

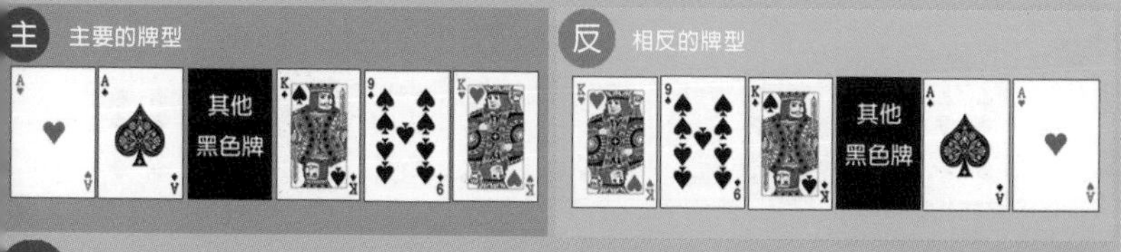

牌意　兩人想法相近無代溝,但平時不能常見面相處,而你也很在乎某個同性朋友

主 主要的牌型

其他黑色牌

反 相反的牌型

其他黑色牌

牌意 兩人想法相近無代溝，但你身旁某位朋友討厭他

主 主要的牌型

其他黑色牌

反 相反的牌型

其他黑色牌

牌意 兩人想法相近無代溝,但有另一個喜歡他的人討厭著你

主 主要的牌型

其他黑色牌

反 相反的牌型

其他黑色牌

牌意 你喜歡他,且兩人常見面相處,但你討厭著他喜歡的那個人

牌意 兩人常見面相處,你也喜歡他,但他討厭著你在乎的某個人

牌意 兩人常見面相處,但兩人想法不同有代溝,而你在乎的某個人喜歡他

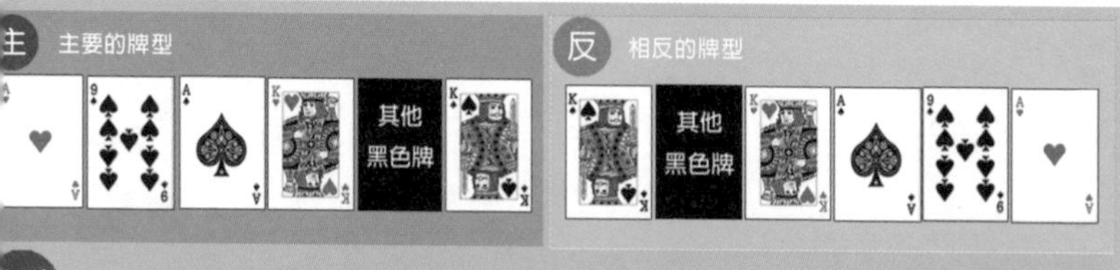

牌意　兩人彼此想法不相通有代溝，但你喜歡他，而你身邊某個朋友也喜歡他

牌意　你們常見面相處，但你對他某個地方有挑剔討厭，而他喜歡你在乎的某個人

牌意　你和他常見面相處，彼此想法也相近無代溝，但你在乎的某個人討厭著他

牌意　你和他常見面相處，彼此想法也相近無代溝，但你討厭著某個喜歡他的人

牌意　彼此想法相近無代溝，但你對他某個地方有挑剔，而你身邊某個朋友喜歡他

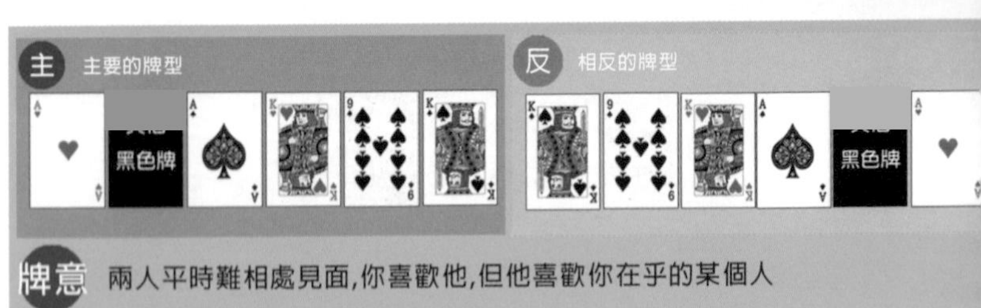

牌意 兩人平時難相處見面,你喜歡他,但他喜歡你在乎的某個人

牌意 兩人平時難相處見面,但兩人的想法相近無代溝,且你在乎的某個人喜歡他

牌意 兩人想法相近無代溝,你也喜歡他,但還另有人喜歡他,且那個人討厭你

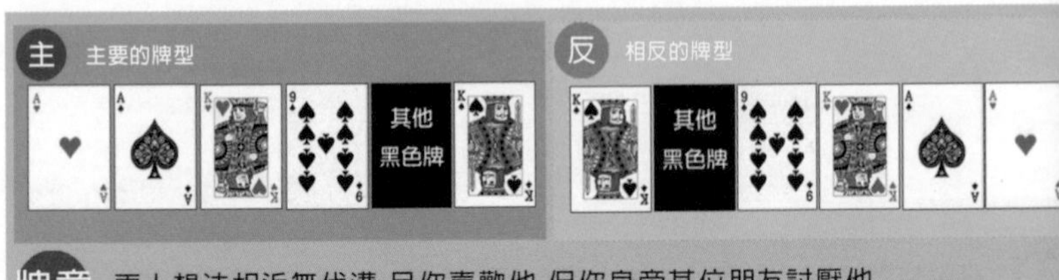

牌意 兩人想法相近無代溝,且你喜歡他,但你身旁某位朋友討厭他

牌意 你喜歡他,但他喜歡別人,且那個人討厭著你

主 主要的牌型　　反 相反的牌型

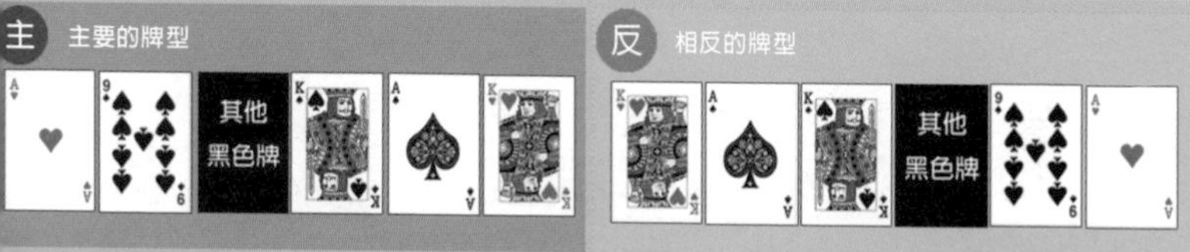

牌意　你喜歡他,但他討厭你身旁的某個朋友

主 主要的牌型　　反 相反的牌型

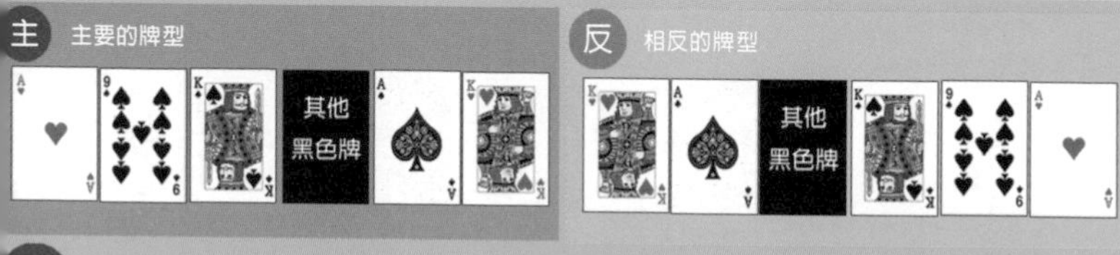

牌意　你喜歡他,但他對你某地方有挑剔討厭,你為此或還有外在因素而感到壓力

主 主要的牌型　　反 相反的牌型

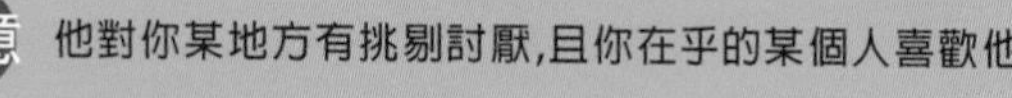
牌意　他對你某地方有挑剔討厭,且你在乎的某個人喜歡他

主 主要的牌型　　反 相反的牌型

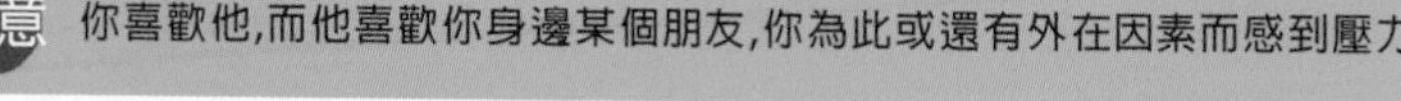
牌意　你喜歡他,而他喜歡你身邊某個朋友,你為此或還有外在因素而感到壓力

主 主要的牌型　　反 相反的牌型

牌意　兩人互相喜歡,但你目前討厭著你身邊某個朋友

牌意 兩人互相喜歡,但目前你被你在乎的朋友誤會討厭著

牌意 他喜歡你,而你在乎的某個朋友喜歡他,你為此感到壓力或者外在因素困擾

牌意 你對他某些地方有挑剔討厭,而他喜歡著你身旁的某個朋友

牌意 你對他某些地方有挑剔討厭,但他喜歡你,而你目前比較在乎你的朋友

牌意 他喜歡你,而你在乎的某個人討厭著他

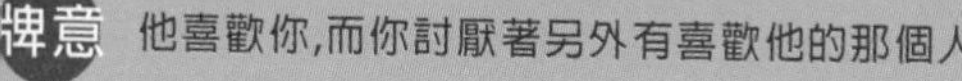

牌意 他喜歡你,而你討厭著另外有喜歡他的那個人

牌意 兩人常見面相處,你也喜歡他,而他另有喜歡的人,且那個人討厭著你

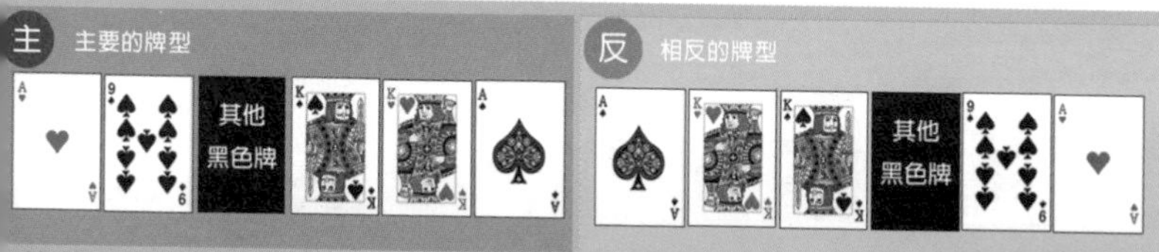

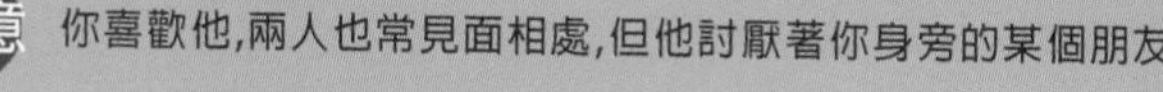

牌意 你喜歡他,兩人也常見面相處,但他討厭著你身旁的某個朋友

牌意 你喜歡他,但他對你某地方有挑剔討厭,且你身旁某個朋友也喜歡著他

牌意 兩人常見面相處,你在乎的某個朋友喜歡他,但他對你的某個地方有挑剔討厭

牌意 你喜歡他,但兩人卻難見眠相處,且他喜歡的是你身邊的某個人

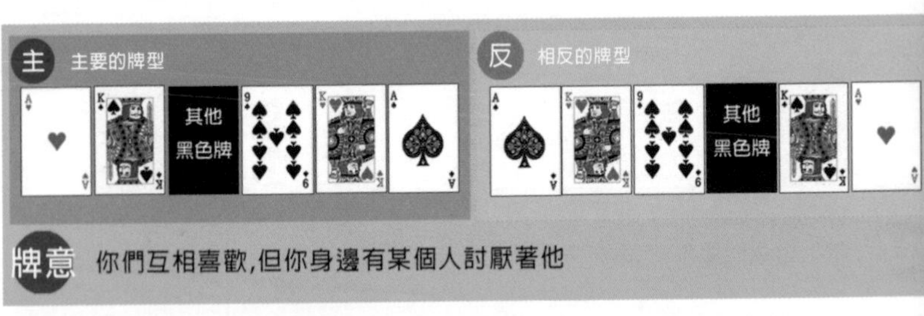

牌意 你們互相喜歡,但你身邊有某個人討厭著他

牌意 你們互相喜歡,但還另有人喜歡他,且那個人討厭著你

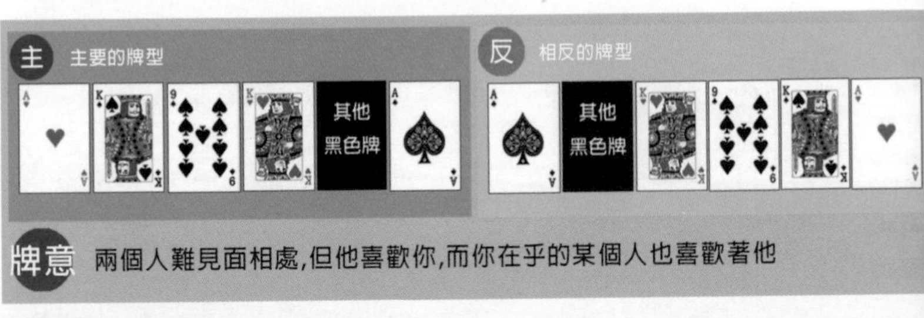

牌意 兩個人難見面相處,但他喜歡你,而你在乎的某個人也喜歡著他

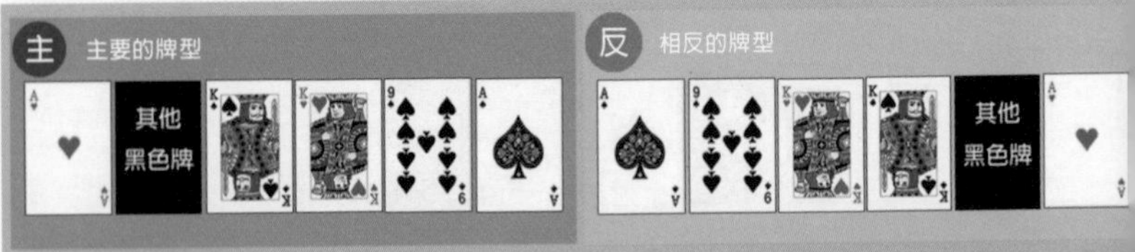

牌意 兩人常見面相處,但你對他某地方有挑剔討厭,而他喜歡的是你身邊某個人

主 主要的牌型

反 相反的牌型

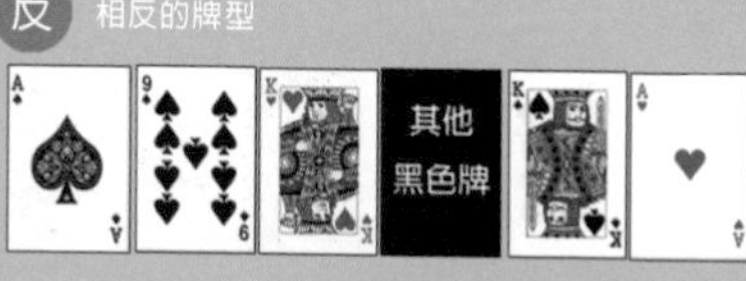

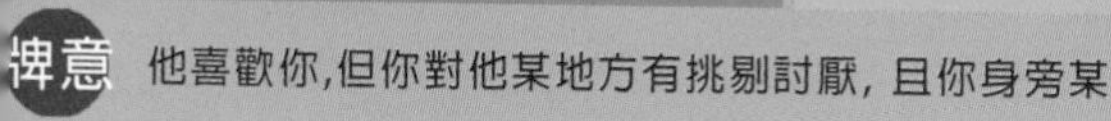

牌意 他喜歡你,但你對他某地方有挑剔討厭, 且你身旁某個人喜歡著他

主 主要的牌型

反 相反的牌型

牌意 兩人常見面相處,他喜歡著你,但你討厭著另外某位喜歡他的人

主 主要的牌型

反 相反的牌型

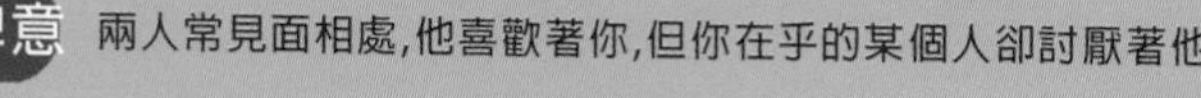

牌意 兩人常見面相處,他喜歡著你,但你在乎的某個人卻討厭著他

主 主要的牌型

反 相反的牌型

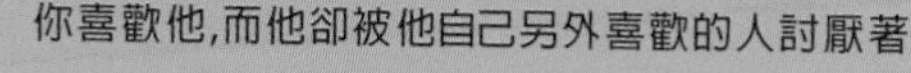

牌意 你喜歡他,而他卻被他自己另外喜歡的人討厭著

主 主要的牌型

反 相反的牌型

牌意 你喜歡他,而他討厭著另外也喜歡他的某人

牌意 你在乎的某個人喜歡他，他為此感到壓力或外在因素正困擾著他

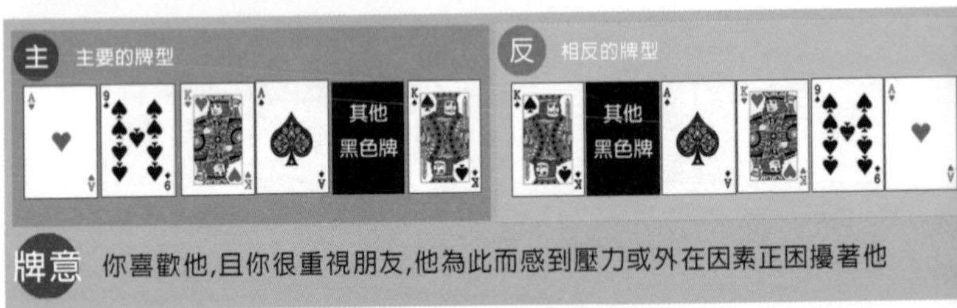

牌意 你喜歡他，且你很重視朋友，他為此而感到壓力或外在因素正困擾著他

牌意 你對他某方面有挑剔討厭，而他另有喜歡的人，那個人也喜歡他，像已有對象

牌意 你討厭著某個喜歡他的人

牌意 你在乎的某個朋友討厭他

主 主要的牌型　反 相反的牌型

牌意　你很在乎某位同性朋友也代表你重友情,而你對他某方面有挑剔討厭

主 主要的牌型　反 相反的牌型

牌意　你喜歡他,但他另有喜歡的人也喜歡著他,你為此而感到壓力或外在因素困擾

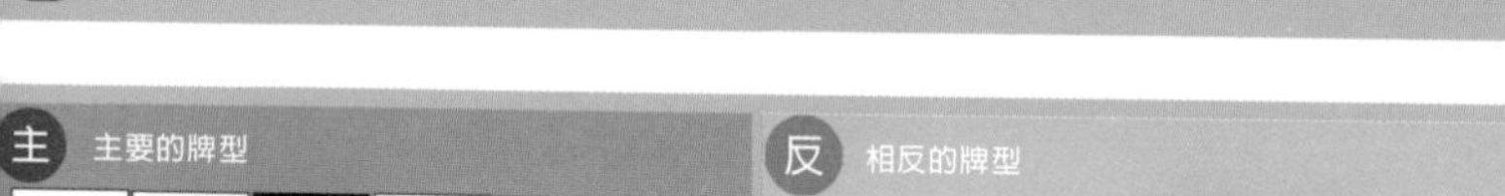

主 主要的牌型　反 相反的牌型

牌意　你在乎的某個人喜歡他,你為此而有壓力或者目前有外在因素正困擾著你

主 主要的牌型　反 相反的牌型

牌意　你喜歡他,而你也面臨遭被好朋友誤會討厭的事情

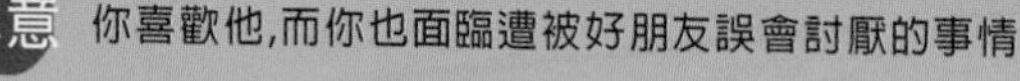

主 主要的牌型　反 相反的牌型

牌意　你喜歡他,但目前你身邊某位朋友討厭誤解你

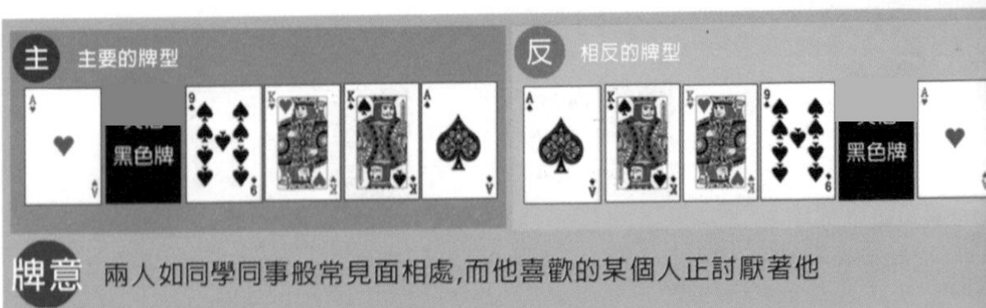

牌意 兩人如同學同事般常見面相處,而他喜歡的某個人正討厭著他

牌意 兩人如同學同事般常見面相處,但他討厭著某個喜歡他的人

牌意 你身旁某個朋友喜歡他,他為此感到壓力或者外在壓力在困擾著他

牌意 兩人常見面相處,而你是一個重朋友的人,他目前有其他壓力在困擾著他

牌意 兩人平常難見面相處,而他有喜歡的人也喜歡著他

牌意 一個喜歡他的人討厭著你

牌意 你身旁某位朋友討厭著他

牌意 兩人不常見面相處,你也在乎你的朋友,重友情

牌意 你們常見面相處,但他另有喜歡的人也喜歡著他,你為此或外在因素感到壓力

牌意 你身旁某位朋友喜歡他,你為此或外在因素感到壓力

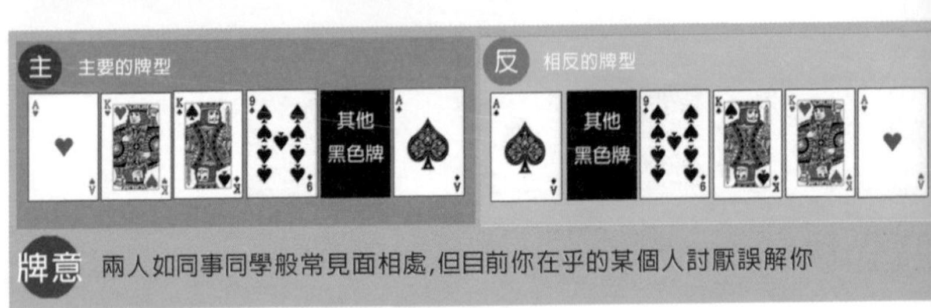

你的心和他的心中間夾著9,
當然除了和心靈相通,無話不談的意思相反外
有可能是目前你和他
吵架中

愛,其實是種責任

William 射手座

趴趴走
第五站

6張牌 / 紅心A開頭+其他紅色牌

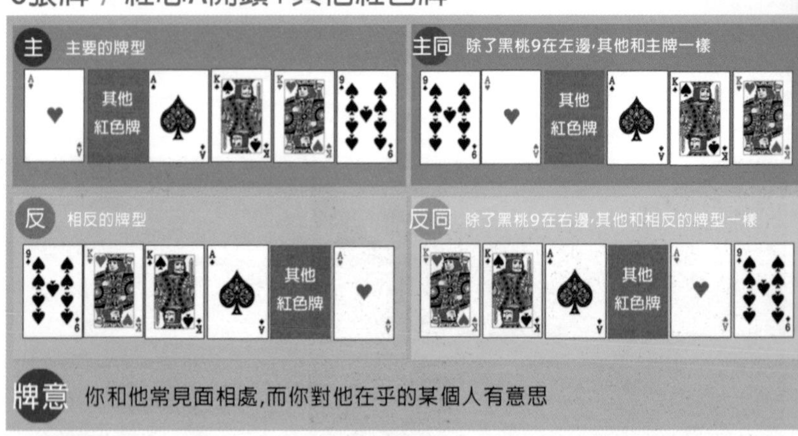

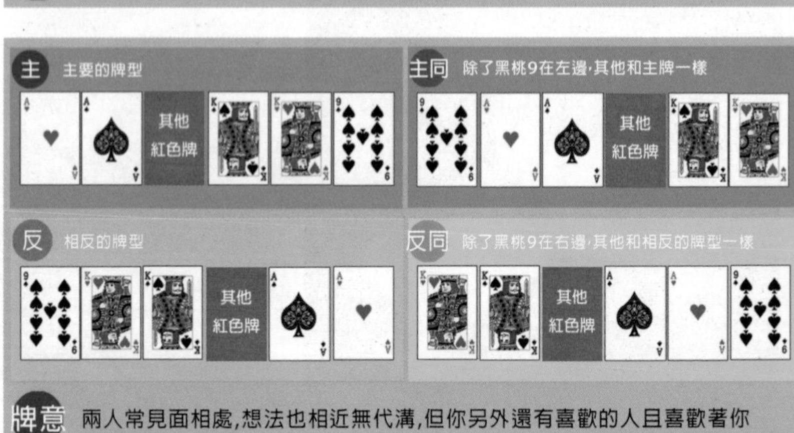

牌意 兩人想法相近無代溝, 且對方身邊某位朋友喜歡你

主 主要的牌型

其他紅色牌

主同 除了黑桃9在左邊,其他和主牌一樣

其他紅色牌

反 相反的牌型

其他紅色牌

反同 除了黑桃9在右邊,其他和相反的牌型一樣

其他紅色牌

牌意 兩人常見面相處,你也喜歡他,但也同時對他在乎的某個人有興趣

主 主要的牌型

其他紅色牌

主同 除了黑桃9在左邊,其他和主牌一樣

其他紅色牌

反 相反的牌型

其他紅色牌

反同 除了黑桃9在右邊,其他和相反的牌型一樣

其他紅色牌

牌意 兩人想法相近無代溝,也常見面相處,但你對他身旁某個朋友有意思

牌意 兩人想法相近無代溝像知己,你喜歡他,且他身旁某個人也喜歡你

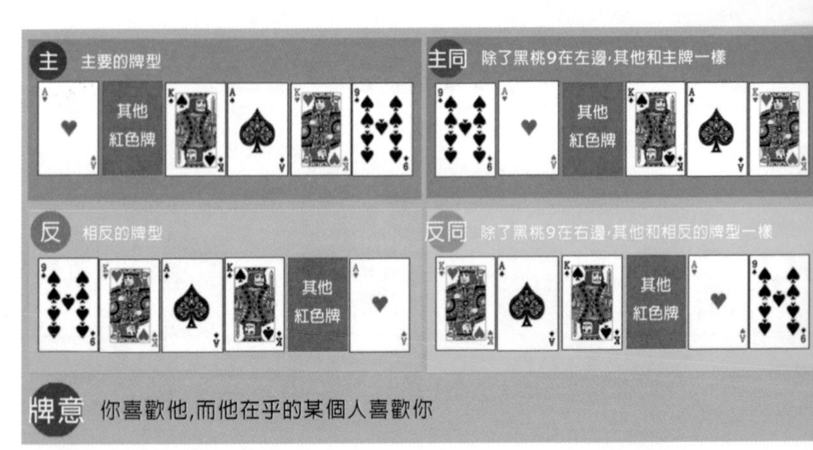
主 主要的牌型
其他
紅色牌
主同 除了黑桃9在左邊,其他和主牌一樣
其他
紅色牌
反 相反的牌型
其他
紅色牌
反同 除了黑桃9在右邊,其他和相反的牌型一樣
其他
紅色牌
牌意 你喜歡他,而他在乎的某個人喜歡你

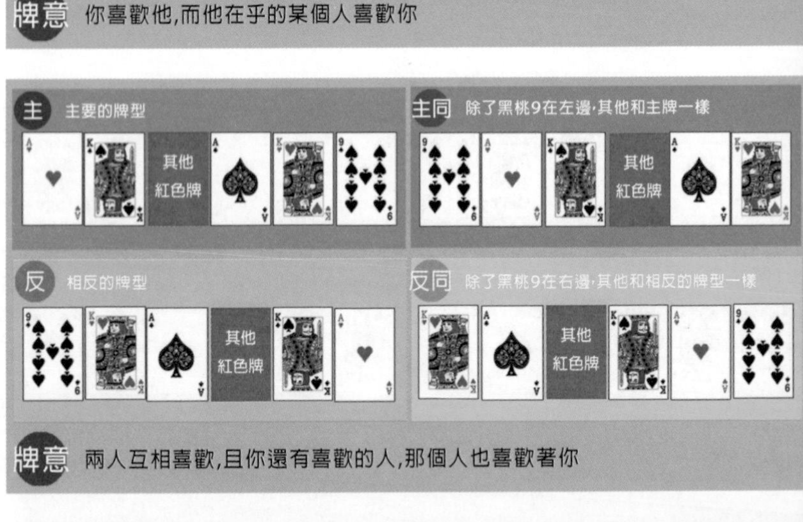
主 主要的牌型
其他
紅色牌
主同 除了黑桃9在左邊,其他和主牌一樣
其他
紅色牌
反 相反的牌型
其他
紅色牌
反同 除了黑桃9在右邊,其他和相反的牌型一樣
其他
紅色牌
牌意 兩人互相喜歡,且你還有喜歡的人,那個人也喜歡著你

主 主要的牌型
其他
紅色牌
主同 除了黑桃9在左邊,其他和主牌一樣
其他
紅色牌
反 相反的牌型
其他
紅色牌
反同 除了黑桃9在右邊,其他和相反的牌型一樣
其他
紅色牌
牌意 他喜歡你,而你對他身旁的某個人有好感

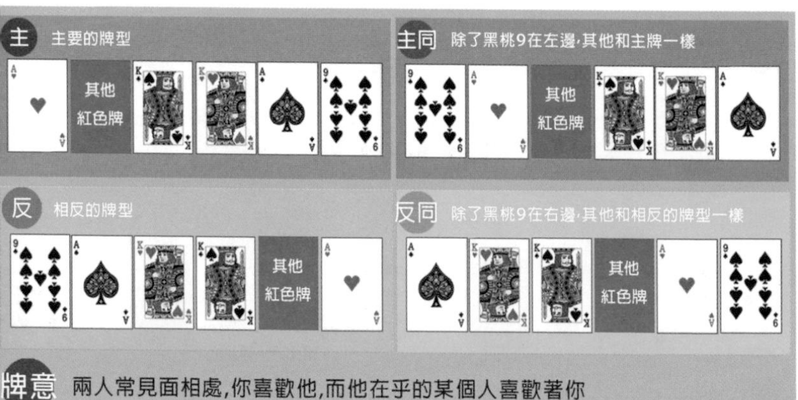
主 主要的牌型
其他
紅色牌
主同 除了黑桃9在左邊,其他和主牌一樣
其他
紅色牌
反 相反的牌型
其他
紅色牌
反同 除了黑桃9在右邊,其他和相反的牌型一樣
其他
紅色牌
牌意 兩人常見面相處,你喜歡他,而他在乎的某個人喜歡著你

主 主要的牌型
其他
紅色牌
主同 除了黑桃9在左邊,其他和主牌一樣
其他
紅色牌
反 相反的牌型
其他
紅色牌
反同 除了黑桃9在右邊,其他和相反的牌型一樣
其他
紅色牌
牌意 兩人互相喜歡,且他身邊某個朋友也喜歡你

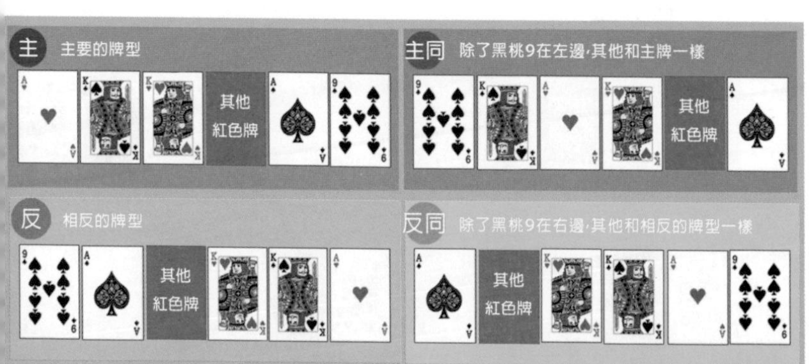
主 主要的牌型
其他
紅色牌
主同 除了黑桃9在左邊,其他和主牌一樣
其他
紅色牌
反 相反的牌型
其他
紅色牌
反同 除了黑桃9在右邊,其他和相反的牌型一樣
其他
紅色牌
牌意 兩人常相處見面,他喜歡你,而你對他身邊某個朋友有意思

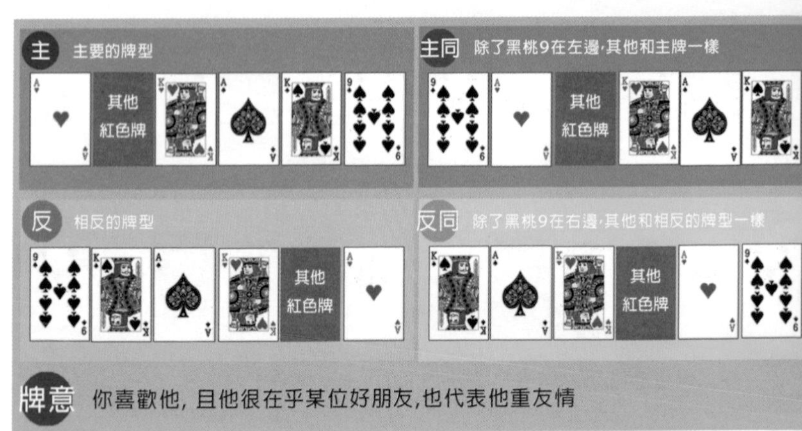
主 主要的牌型
其他紅色牌
主同 除了黑桃9在左邊,其他和主牌一樣
其他紅色牌
反 相反的牌型
其他紅色牌
反同 除了黑桃9在右邊,其他和相反的牌型一樣
其他紅色牌
牌意 你喜歡他,且他很在乎某位好朋友,也代表他重友情

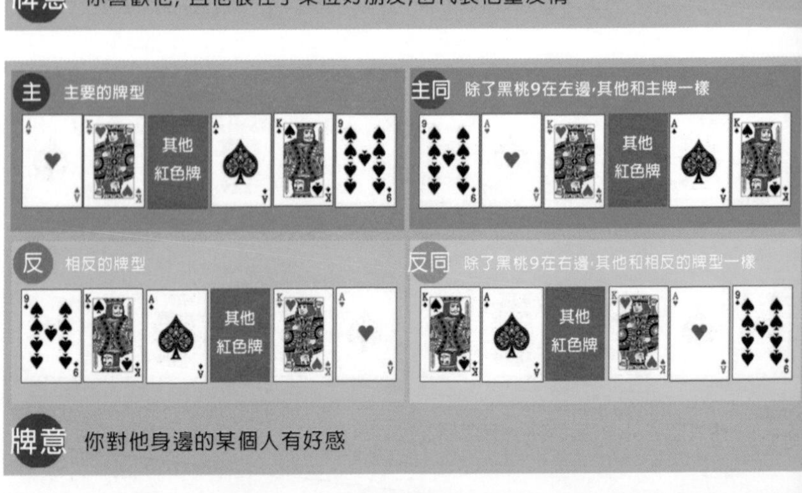
主 主要的牌型
其他紅色牌
主同 除了黑桃9在左邊,其他和主牌一樣
其他紅色牌
反 相反的牌型
其他紅色牌
反同 除了黑桃9在右邊,其他和相反的牌型一樣
其他紅色牌
牌意 你對他身邊的某個人有好感

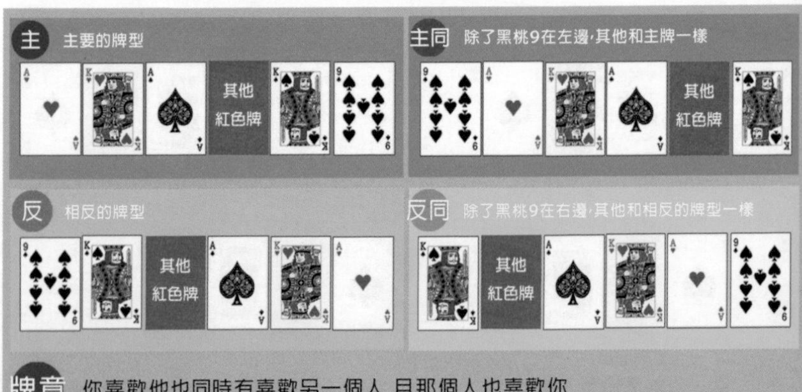
主 主要的牌型
其他紅色牌
主同 除了黑桃9在左邊,其他和主牌一樣
其他紅色牌
反 相反的牌型
其他紅色牌
反同 除了黑桃9在右邊,其他和相反的牌型一樣
其他紅色牌
牌意 你喜歡他也同時有喜歡另一個人,且那個人也喜歡你

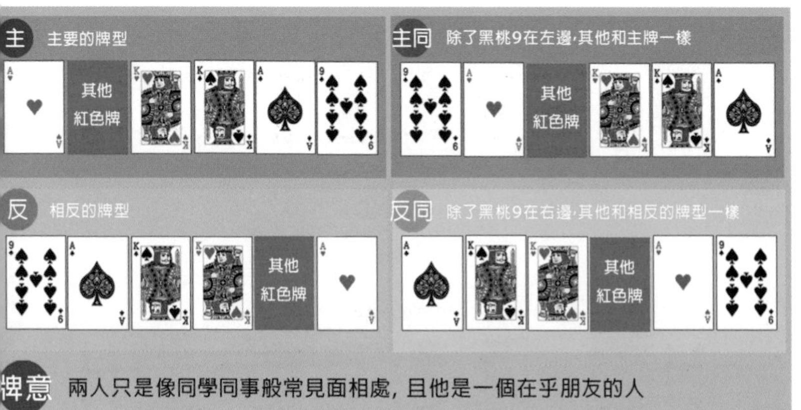

牌意 兩人只是像同學同事般常見面相處，且他是一個在乎朋友的人

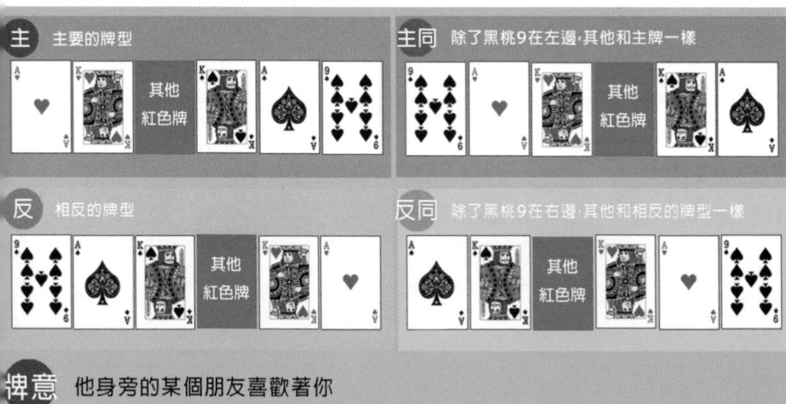

牌意 他身旁的某個朋友喜歡著你

牌意 兩人只是像同學同事般常見面聯絡,而你另有喜歡的人,那個人也喜歡著你

牌意 兩個人常見面相處，但你對他在乎的某個朋友很不喜歡

牌意 兩人常見面相處,但你另外有喜歡的人,且他很不喜歡那個人

牌意 兩人常見面相處,但想法不通有代溝,且你另有喜歡的人且那個人也喜歡著你

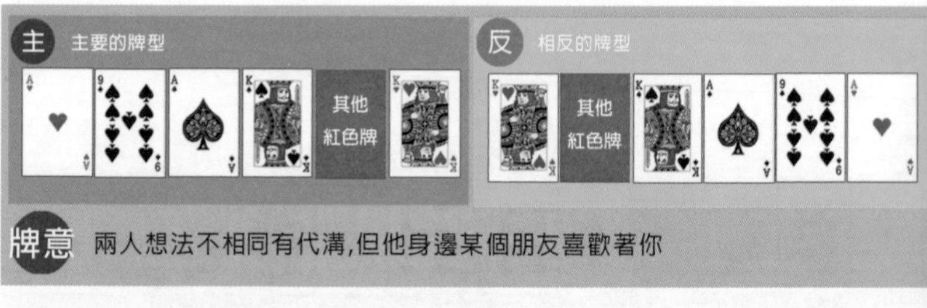

牌意 兩人想法不相同有代溝,但他身邊某個朋友喜歡著你

牌意 兩人常見面相處,且他在乎的某個人喜歡你,你為此或者外在因素感到壓力

牌意 兩人想法相近無代溝,也常見面相處,只是你喜歡的另一個人目前討厭著你

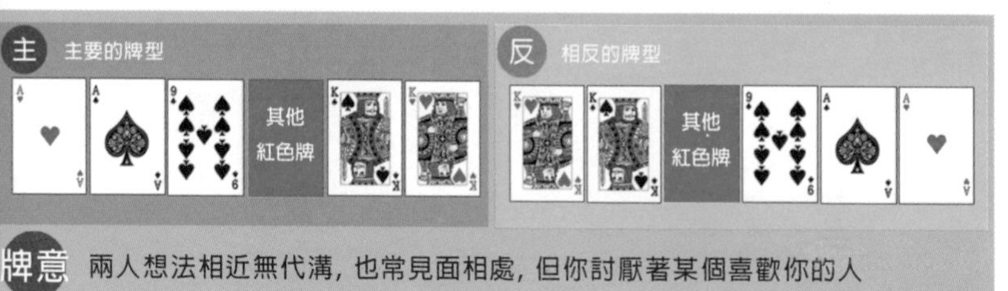

牌意 兩人想法相近無代溝，也常見面相處，但你討厭著某個喜歡你的人

牌意 兩人想法相近無代溝，但他身旁的某個人喜歡著你,你為此或外在因素困擾

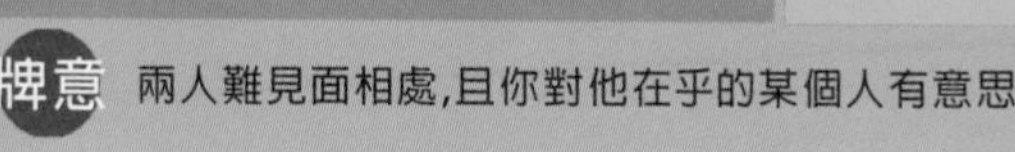

牌意 兩人難見面相處,且你對他在乎的某個人有意思

牌意 兩人難見面相處,但想法相近無代溝如知己,但你另有喜歡的人也喜歡著你

牌意 兩人想法相近無代溝如知己,但另有人喜歡你且那個人討厭著他

牌意 兩人想法相通無代溝像知己,但他身旁某個朋友討厭著你

牌意 兩人常相處見面,且你喜歡他,但你討厭他在乎的某個朋友

牌意 兩人常見面相處,你喜歡他,但你也喜歡某個人,而他討厭著你另外喜歡的某人

牌意 兩人常見面相處,但彼此的想法不同有代溝,而你對他身旁某個朋友有興趣

牌意 你喜歡他，但兩人想法不同有代溝,而他身旁某個人喜歡你

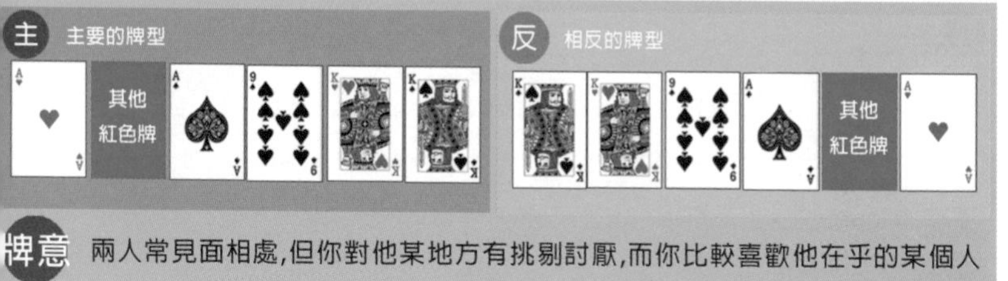

牌意 兩人常見面相處,但你對他某地方有挑剔討厭,而你比較喜歡他在乎的某個人

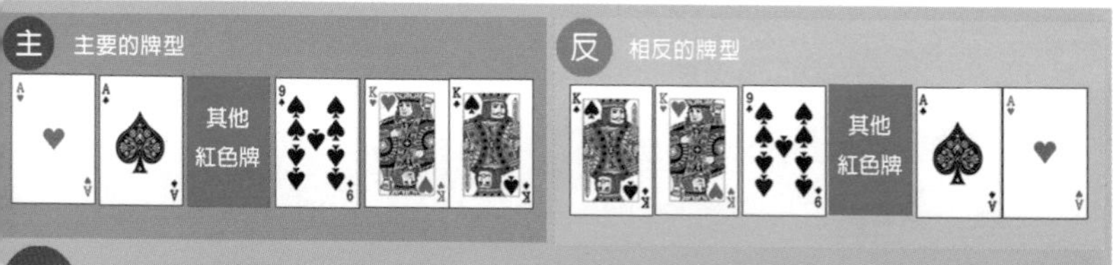

牌意 兩人常見面相處,且彼此想法相近如知己,但你另外喜歡的人討厭他

牌意 兩人常見面相處,且彼此想法相近如知己,但你討厭他身旁的某個朋友

牌意 兩人想法相近無代溝,但你對他某些地方有挑剔討厭,且他身旁某個人喜歡你

牌意 兩人平時難相處見面，你喜歡他也同時對他在乎的某個人有意思

牌意 兩人平時難見面相處,但你和他想法相近無代溝,而你喜歡他身旁的某個人

牌意 兩人想法相近無代溝,你也喜歡他,但他身旁有個人討厭著你

牌意 兩人想法想近如知己,你也喜歡他,但另外還有喜歡你的人,那個人討厭他

牌意 你喜歡他,但他在乎的某個人討厭著你

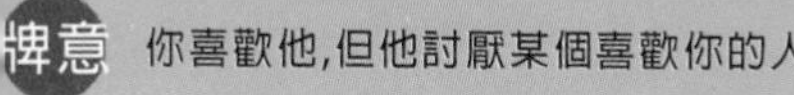
牌意 你喜歡他,但他討厭某個喜歡你的人

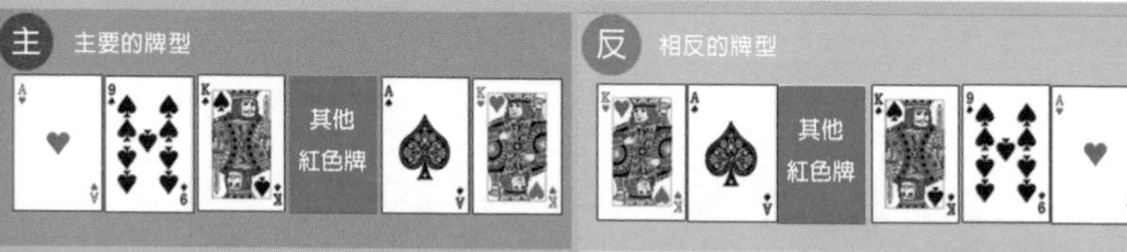

牌意 你喜歡他,但也同時喜歡某人,而那個人也喜歡著你,或許為此他討厭你

牌意 你喜歡他身旁的某個朋友,他為此討厭你,或其他因素對你有挑剔討厭

牌意 你喜歡他,而他在乎的人喜歡你,你為此感到壓力或其他因素困擾著你

牌意 兩人互相喜歡,且你討厭著另外喜歡你的人

牌意 兩人彼此互相喜歡,但你另外喜歡的人討厭著你

牌意 他喜歡你,你反而對他身旁某個朋友有興趣,你為此感到壓力或外在因素困擾

牌意 你對他某個地方有挑剔討厭,而他在乎的某個人喜歡著你

牌意 他喜歡你,而你對他某個地方有挑剔討厭,你另外有喜歡的人且那個人喜歡你

牌意 他喜歡你,但你喜歡另一個人,且那個人討厭著他

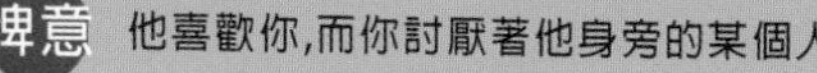

牌意 他喜歡你,而你討厭著他身旁的某個人

牌意 兩人常見面相處,你也喜歡他,但他在乎的某個人討厭著你

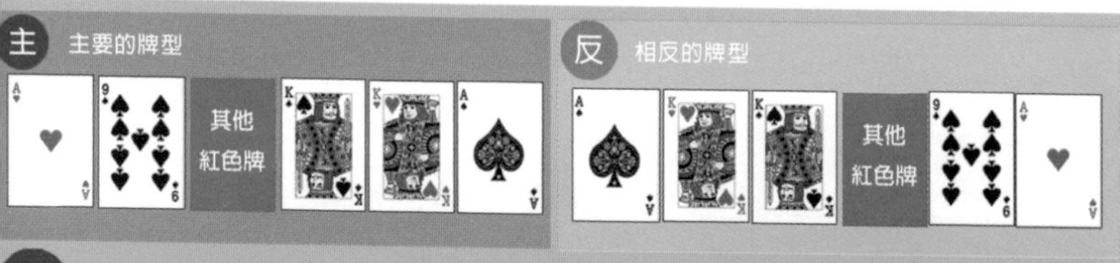

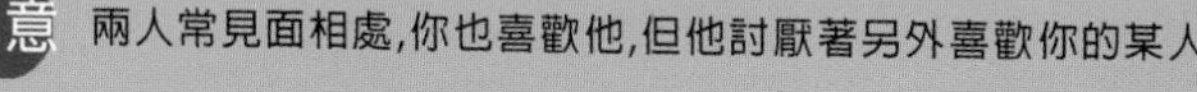

牌意 兩人常見面相處,你也喜歡他,但他討厭著另外喜歡你的某人

牌意 你喜歡他,而他身旁的某個人喜歡你,他為此討厭你或者其他原因對你有挑剔

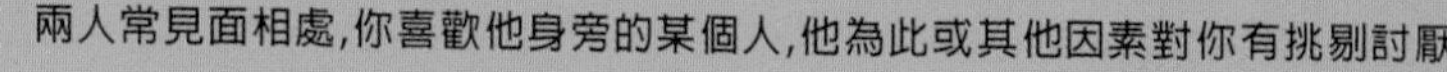

牌意 兩人常見面相處,你喜歡他身旁的某個人,他為此或其他因素對你有挑剔討厭

牌意 你喜歡他,但兩人難見面相處,且他在乎的某人喜歡著你

牌意 你們互相喜歡,但另外喜歡你的某人討厭著他

牌意 兩人彼此互相喜歡,但他身旁的某個朋友討厭著你

牌意 兩人難見面相處,但他喜歡你,而你對他身旁的某個人有好感

牌意 兩人常見面相處,他在乎的人喜歡你,你為此或其他因素對他有挑剔討厭

主 主要的牌型

其他紅色牌

反 相反的牌型

其他紅色牌

牌意 他喜歡你,但你對他某個地方有挑剔討厭,而他身旁某個人也喜歡你

主 主要的牌型

其他紅色牌

反 相反的牌型

其他紅色牌

牌意 他喜歡你,但你討厭他身旁的某個朋友

主 主要的牌型

其他紅色牌

反 相反的牌型

其他紅色牌

牌意 他喜歡你,兩人也常見面相處,但你另外喜歡的某人討厭著他

主 主要的牌型

其他紅色牌

反 相反的牌型

其他紅色牌

牌意 你喜歡他,但他目前另外喜歡的某人討厭著他

主 主要的牌型

反 相反的牌型

牌意 你喜歡他, 而他目前討厭著另外喜歡他的某人

主 主要的牌型

其他紅色牌

反 相反的牌型

其他紅色牌

牌意 你喜歡他身旁的某個人,他為此感到壓力或者其他外在因素在困擾著他

主 主要的牌型

其他紅色牌

反 相反的牌型

其他紅色牌

牌意 你喜歡他也喜歡另外一個人,而那個人也喜歡你,他為此或其他因素有壓力

主 主要的牌型

其他紅色牌

反 相反的牌型

其他紅色牌

牌意 他很在乎他的朋友,重友情, 而你對他某些地方有挑剔討厭

主 主要的牌型

其他紅色牌

反 相反的牌型

其他紅色牌

牌意 你討厭著他身旁的某個人

主 主要的牌型

反 相反的牌型

牌意 你另外喜歡的某人討厭他

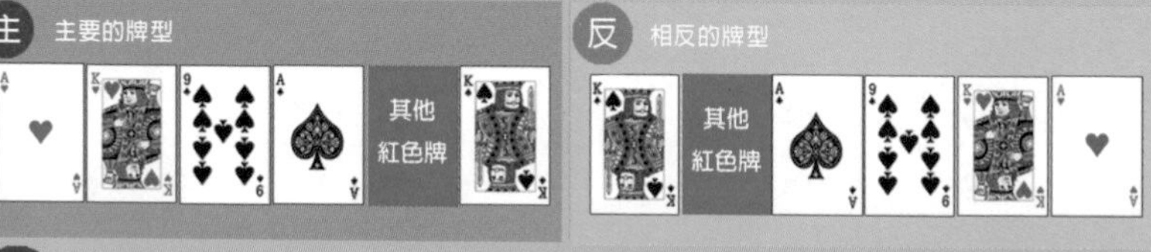

牌意 你對他某些地方有挑剔討厭,而你另有喜歡的人,且那個人喜歡你

牌意 你喜歡他,而他很在乎某位朋友,是個重友情的人

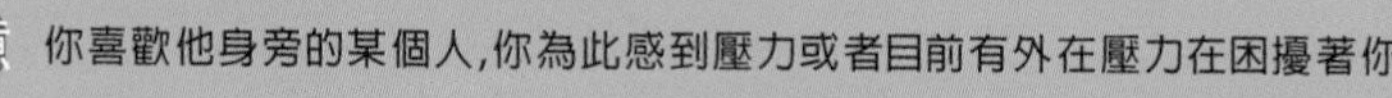
牌意 你喜歡他身旁的某個人,你為此感到壓力或者目前有外在壓力在困擾著你

牌意 你喜歡他,也喜歡另一個人,但那個人目前討厭你

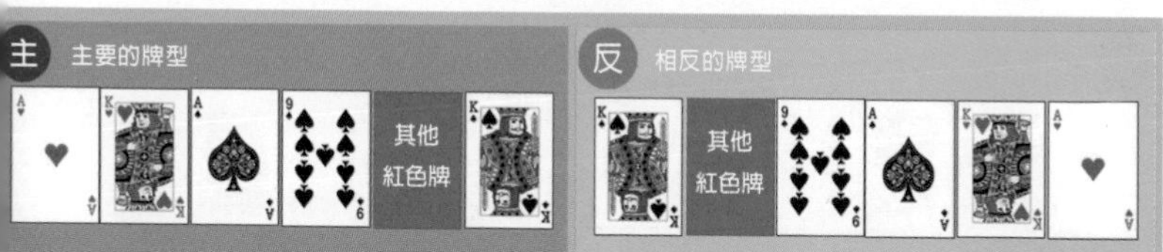

牌意 你喜歡他,而你討厭某個喜歡你的人

牌意 兩人如同學般常見面相處,但他在乎的某個人討厭著他,似乎吵架誤會中

牌意 兩人如同事般常見面相處,但他目前討厭著他身旁的某人

牌意 他身旁的某人喜歡著你,他為此感到壓力或者其他外在壓力在困擾著他

牌意 兩人常見面相處,你另有喜歡的人且也喜歡著你,而他目前有外在壓力困擾

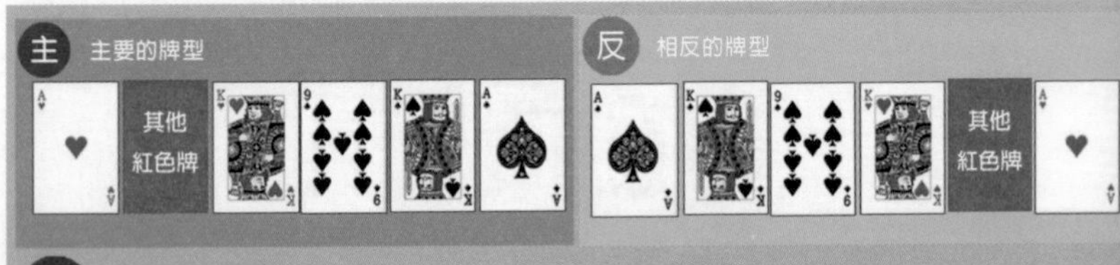

牌意 兩人平時難見面相處,而他很在乎他的朋友,重友情,兩人感覺沒太多交集

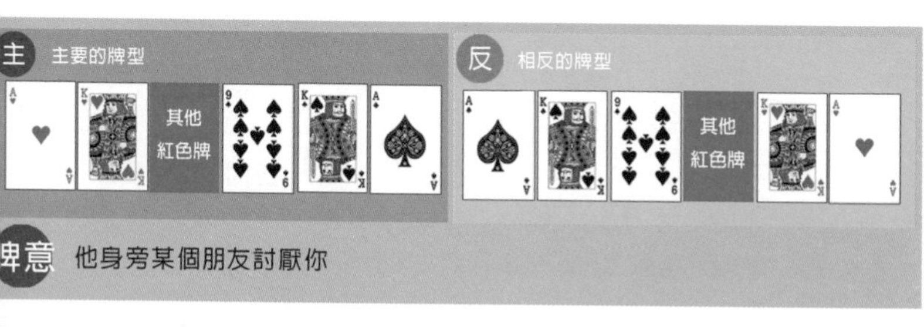

牌意 他身旁某個朋友討厭你

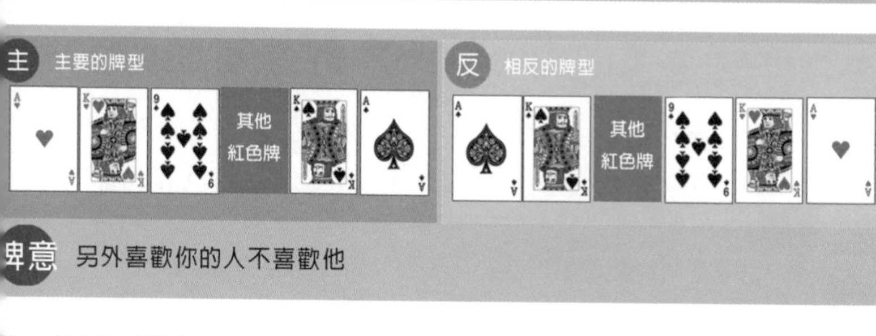

牌意 另外喜歡你的人不喜歡他

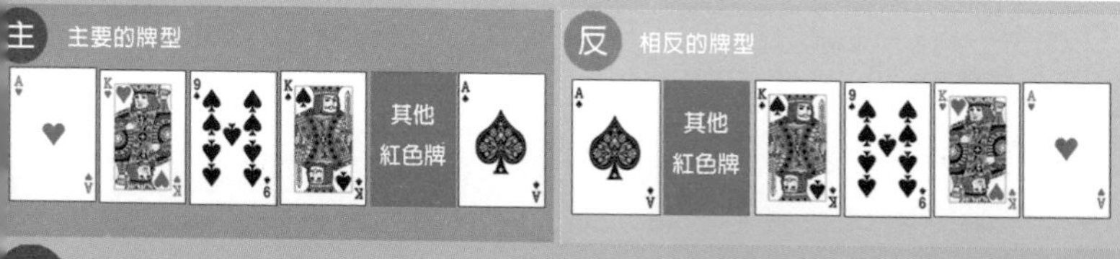

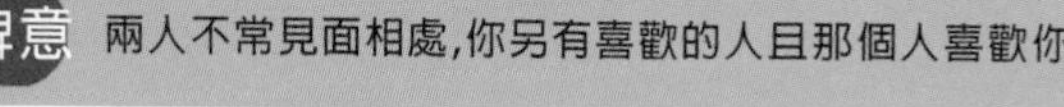

牌意 兩人不常見面相處,你另有喜歡的人且那個人喜歡你

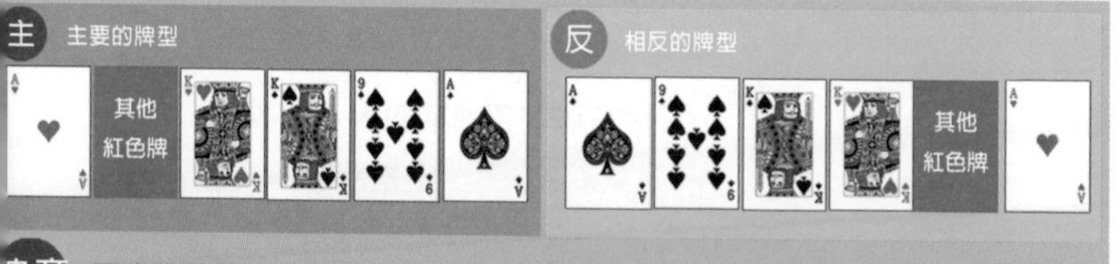

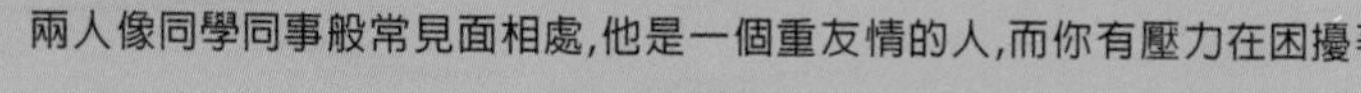

牌意 兩人像同學同事般常見面相處,他是一個重友情的人,而你有壓力在困擾著

牌意 他身旁的某人喜歡你,你為此感到壓力或者有外在壓力在困擾著你

牌意 兩人如同學同事般常見面相處,而你討厭著你身邊某個人

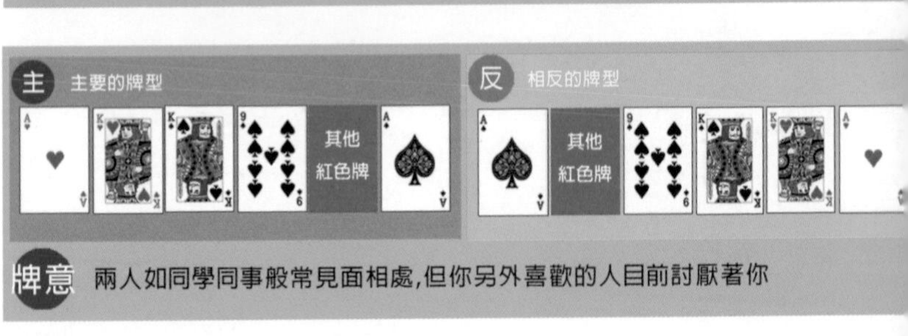

牌意 兩人如同學同事般常見面相處,但你另外喜歡的人目前討厭著你

他的心旁有個同色的牌
代表他在乎的某個人
所謂某個人, 不一定是朋友
有時候說的是父母兄弟姊妹都有可能

愛情真的很酸甜苦辣

Willy 獅子座

趴趴走
第六站

6張牌 / 紅心K開頭+其他黑色牌

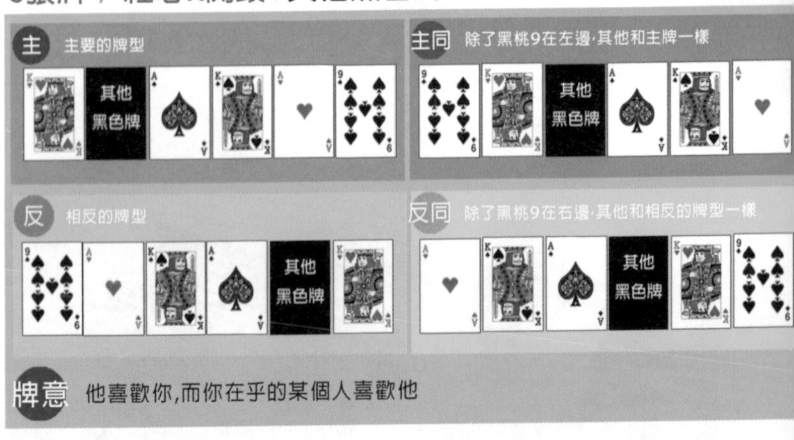

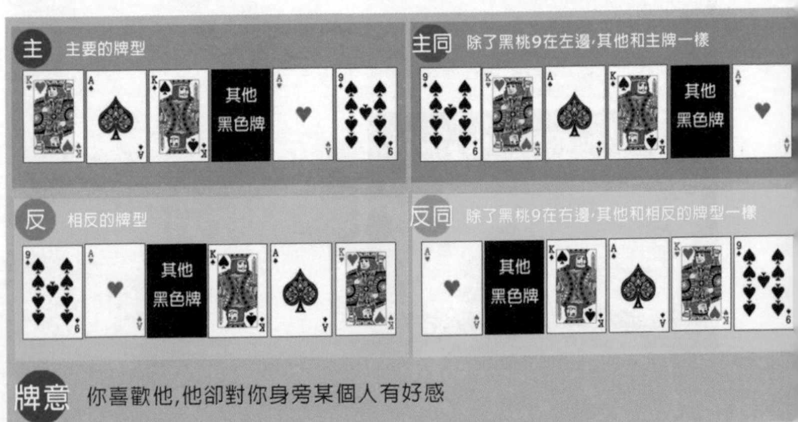

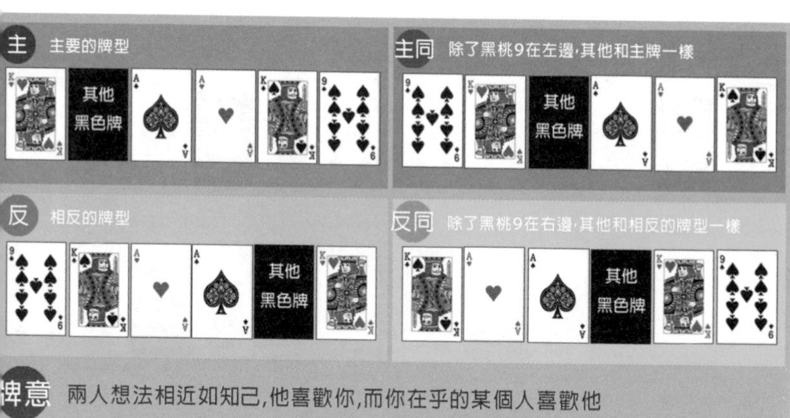

牌意 兩人想法相近如知己,他喜歡你,而你在乎的某個人喜歡他

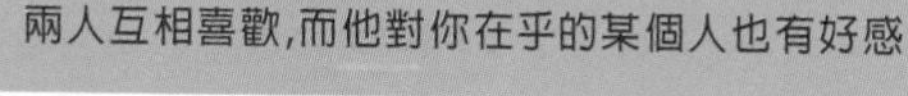

牌意 兩人互相喜歡,而他對你在乎的某個人也有好感

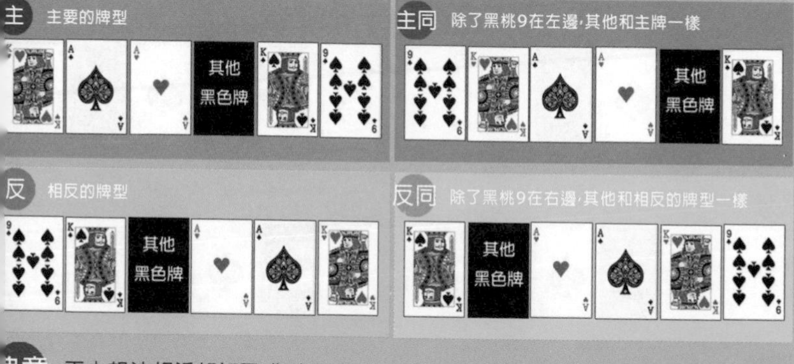

牌意 兩人想法相近如知己,你喜歡他,他卻對你身旁某個人有好感

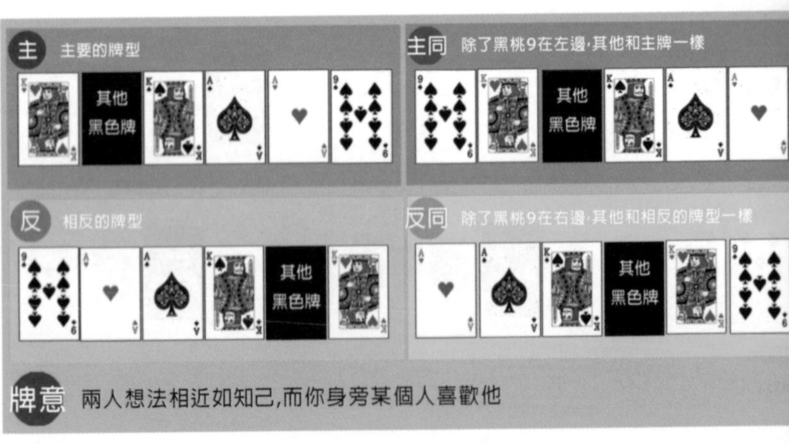
主 主要的牌型
其他黑色牌
主同 除了黑桃9在左邊,其他和主牌一樣
其他黑色牌
反 相反的牌型
其他黑色牌
反同 除了黑桃9在右邊,其他和相反的牌型一樣
其他黑色牌
牌意 兩人想法相近如知己,而你身旁某個人喜歡他

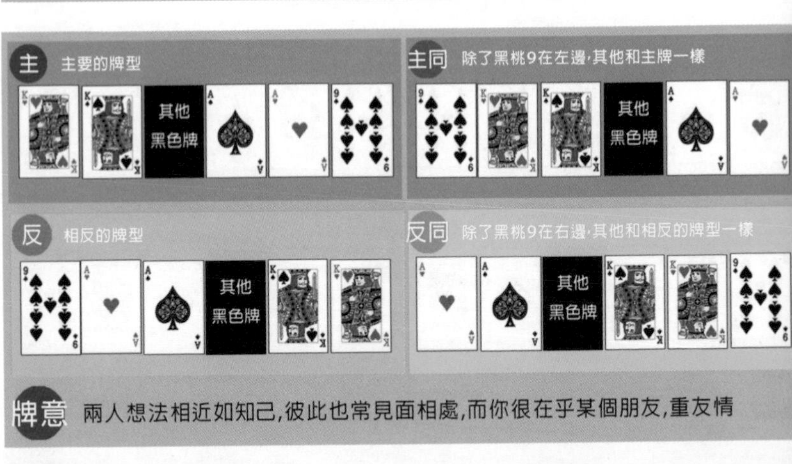
主 主要的牌型
其他黑色牌
主同 除了黑桃9在左邊,其他和主牌一樣
其他黑色牌
反 相反的牌型
其他黑色牌
反同 除了黑桃9在右邊,其他和相反的牌型一樣
其他黑色牌
牌意 兩人想法相近如知己,彼此也常見面相處,而你很在乎某個朋友,重友情

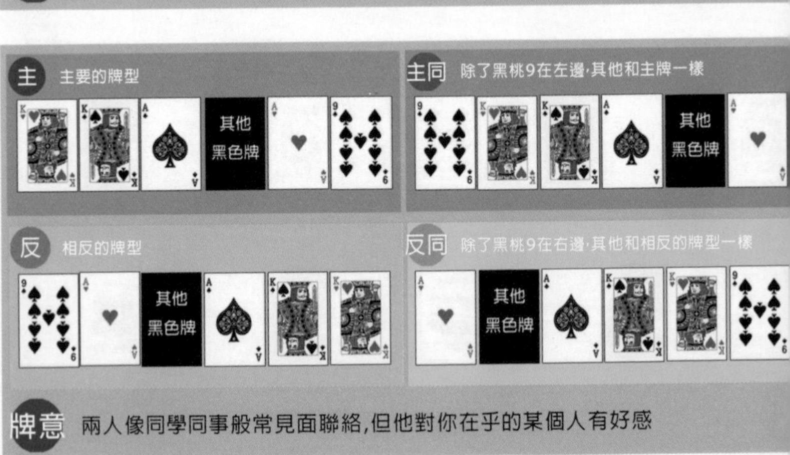
主 主要的牌型
其他黑色牌
主同 除了黑桃9在左邊,其他和主牌一樣
其他黑色牌
反 相反的牌型
其他黑色牌
反同 除了黑桃9在右邊,其他和相反的牌型一樣
其他黑色牌
牌意 兩人像同學同事般常見面聯絡,但他對你在乎的某個人有好感

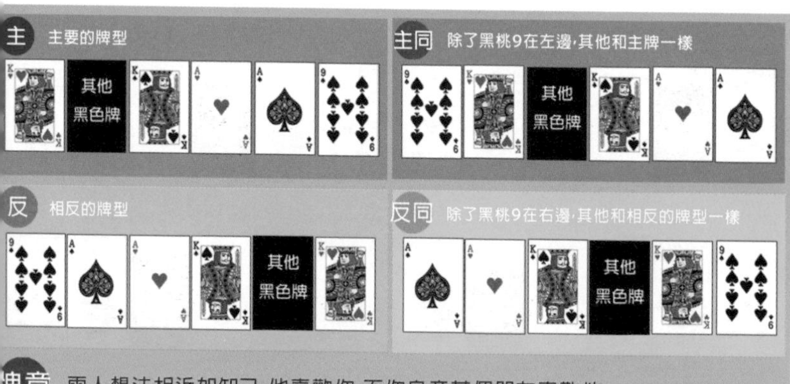

牌意 兩人想法相近如知己,他喜歡你,而你身旁某個朋友喜歡他

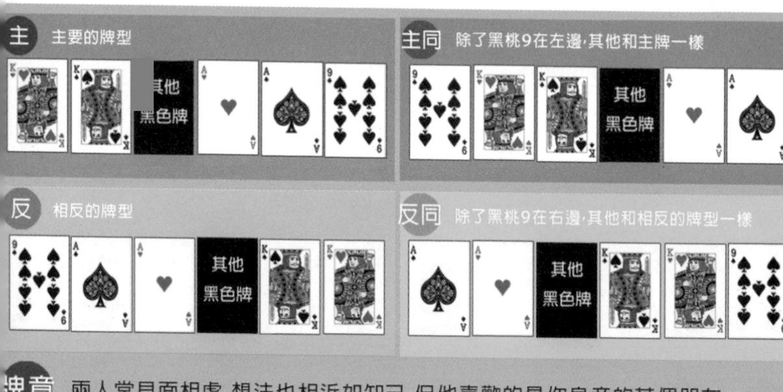

牌意 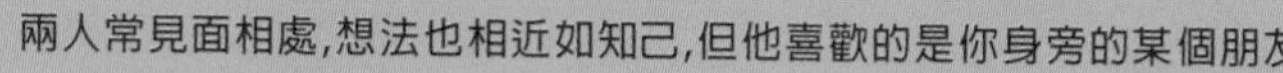
兩人常見面相處,想法也相近如知己,但他喜歡的是你身旁的某個朋友

牌意 兩人常見面連絡,他喜歡你,但也同時對你在乎的某個人有好感

牌意 兩人想法相近無代溝,他也另外有喜歡的人,那個人也喜歡著他,像已有對象

牌意 他喜歡你在乎的某個人

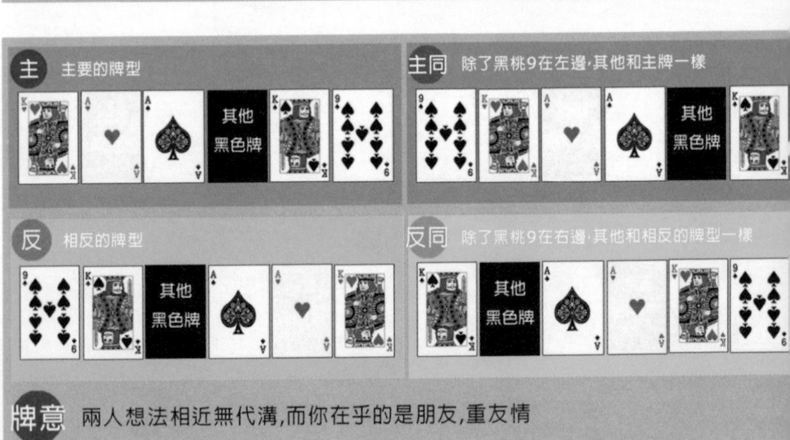

牌意 兩人想法相近無代溝,而你在乎的是朋友,重友情

主 主要的牌型

其他 黑色牌

主同 除了黑桃9在左邊，其他和主牌一樣

其他 黑色牌

反 相反的牌型

其他 黑色牌

反同 除了黑桃9在右邊，其他和相反的牌型一樣

其他 黑色牌

牌意 他喜歡你，但他另外也有喜歡某人，而那個人也喜歡著他，似乎已有對象

主 主要的牌型

其他 黑色牌

主同 除了黑桃9在左邊，其他和主牌一樣

其他 黑色牌

反 相反的牌型

其他 黑色牌

反同 除了黑桃9在右邊，其他和相反的牌型一樣

其他 黑色牌

牌意 他對你身旁某個朋友有好感

主 主要的牌型

主同 除了黑桃9在左邊，其他和主牌一樣

反 相反的牌型

反同 除了黑桃9在右邊，其他和相反的牌型一樣

牌意 他喜歡你，而你是一個很在乎朋友的人

牌意 他喜歡你,而你討厭著某個喜歡他的人

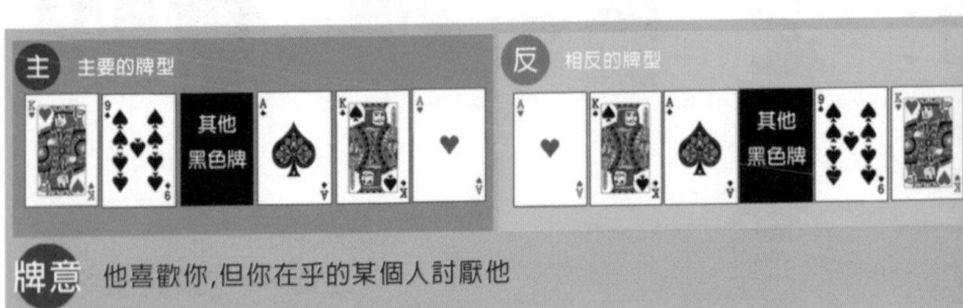

牌意 他喜歡你,但你在乎的某個人討厭他

牌意 他喜歡你,但你對他某方面有挑剔討厭,而你也很在乎你的朋友,重友情

牌意 你對他某方面有挑剔討厭,而他喜歡著你身旁某位朋友

牌意 他喜歡你,但你在乎的好朋友喜歡他,你為此感到壓力或其他外在壓力困擾你

牌意 兩人互相喜歡,但你在乎的某個人目前討厭著你,你可能被朋友誤會誤解

牌意 兩人互相喜歡,但你目前討厭著你身旁某個朋友

牌意 你喜歡他,而他喜歡你身旁某個朋友,你為此感到壓力或外在壓力困擾著你

牌意 他對你某方面有挑剔討厭,而你在乎的某個人喜歡著他

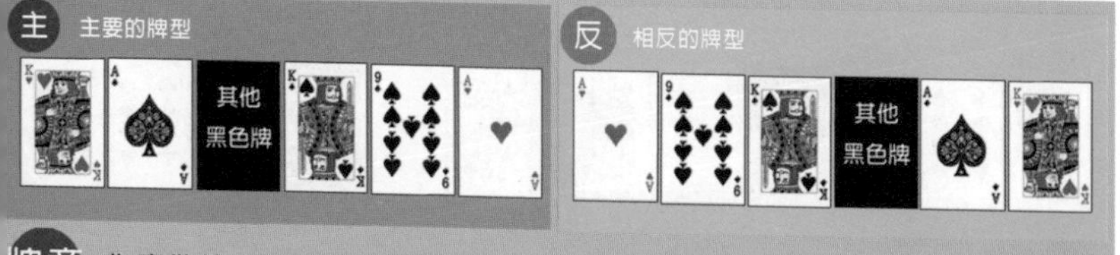

牌意 你喜歡他也很重朋友,而他卻在某方面不喜歡你

牌意 你喜歡他,但他討厭某位常在你身邊的人

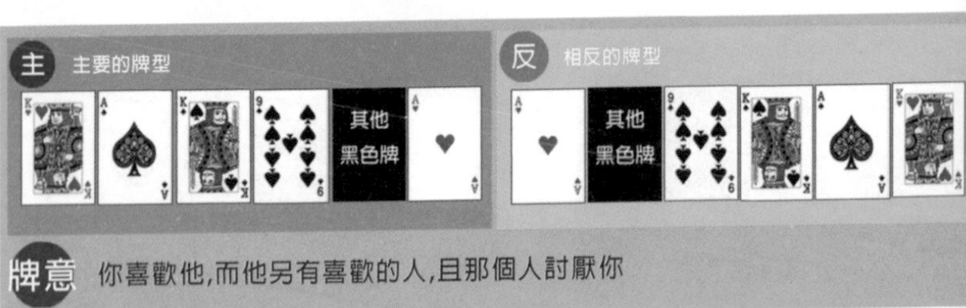

牌意 你喜歡他,而他另有喜歡的人,且那個人討厭你

牌意 彼此想法相近無代溝,他也喜歡你,而你討厭另外還有喜歡他的那個人

牌意 彼此想法相近無代溝,他喜歡你,而你在乎的某個人討厭他

牌意 他喜歡你,但他也同時對你在乎的某個人有好感,而你對他某方面有挑剔討厭

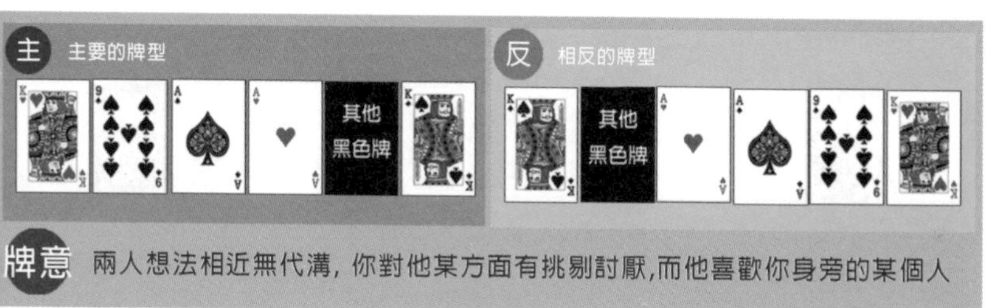

牌意 兩人想法相近無代溝，你對他某方面有挑剔討厭,而他喜歡你身旁的某個人

牌意 兩人彼此的想法觀念有代溝,但他喜歡你,而你在乎的某個人喜歡他

牌意 兩人互相喜歡,但他討厭你在乎的某個人

牌意 兩人互相喜歡,但你討厭著他另外喜歡的那個人

牌意 你和他想法不一致有代溝,但你喜歡他,而他卻對你身旁某個人有好感

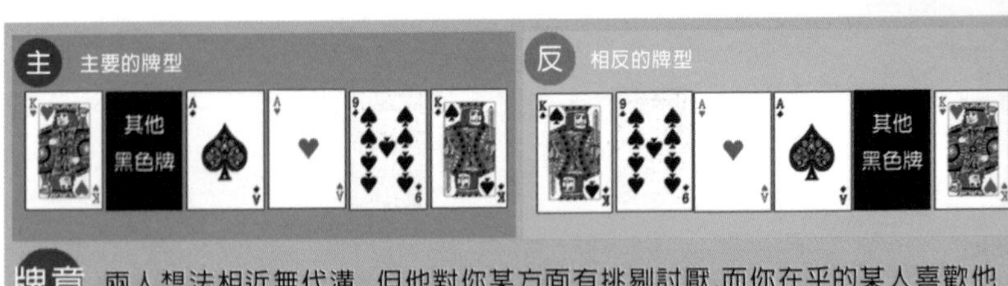
主 主要的牌型
其他黑色牌
反 相反的牌型
其他黑色牌
牌意 兩人想法相近無代溝，但他對你某方面有挑剔討厭，而你在乎的某人喜歡他

主 主要的牌型
其他黑色牌
反 相反的牌型
其他黑色牌
牌意 你喜歡他，他卻對你某方面有挑剔討厭，而他喜歡的是你在乎的某個人

主 主要的牌型
其他黑色牌
反 相反的牌型
其他黑色牌
牌意 兩人想法相近無代溝，你也喜歡他，但他喜歡他人，且那個人討厭你

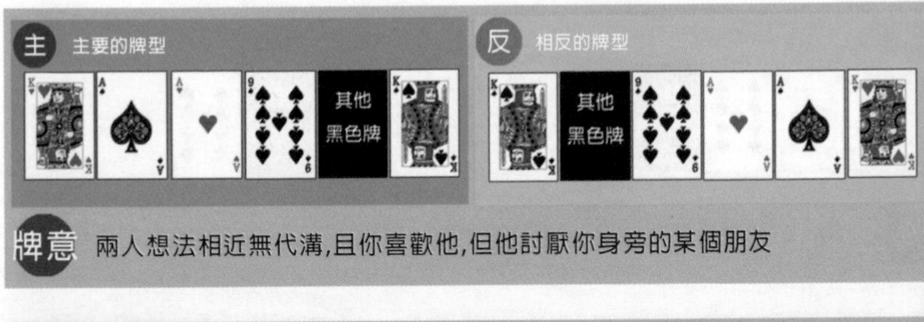
主 主要的牌型
其他黑色牌
反 相反的牌型
其他黑色牌
牌意 兩人想法相近無代溝，且你喜歡他，但他討厭你身旁的某個朋友

主 主要的牌型
其他黑色牌
反 相反的牌型
其他黑色牌
牌意 兩人想法相近無代溝，但他另有人喜歡，且那個人討厭著你

牌意 兩人想法相近如知己，但你身邊某個朋友討厭著他

牌意 兩人想法相近如知己,但平時難相處見面,而你也是一個重友情的人

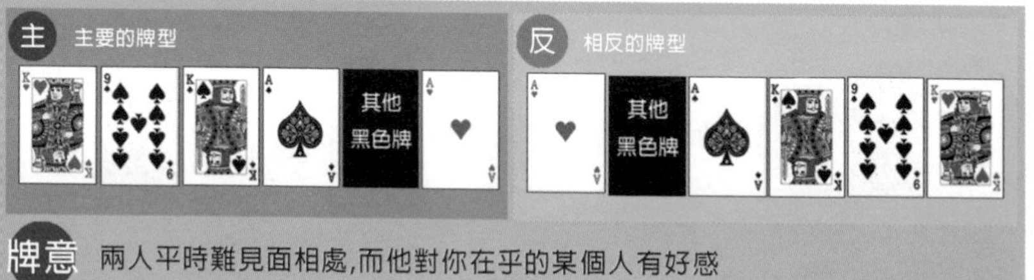

牌意 兩人平時難見面相處,而他對你在乎的某個人有好感

牌意 兩人想法相近如知己,而你身旁某個朋友喜歡他,你為此或其他外在壓力困擾

牌意 兩人常見面相處,想法一致如知己,但你現在討厭你身旁某位朋友

牌意 兩人常見面相處,想法也相近如知己,但你在乎的某個朋友正誤解討厭你

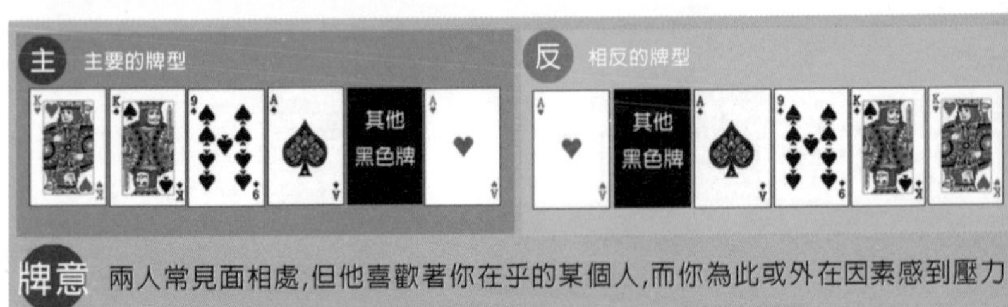

牌意 兩人常見面相處,但他喜歡著你在乎的某個人,而你為此或外在因素感到壓力

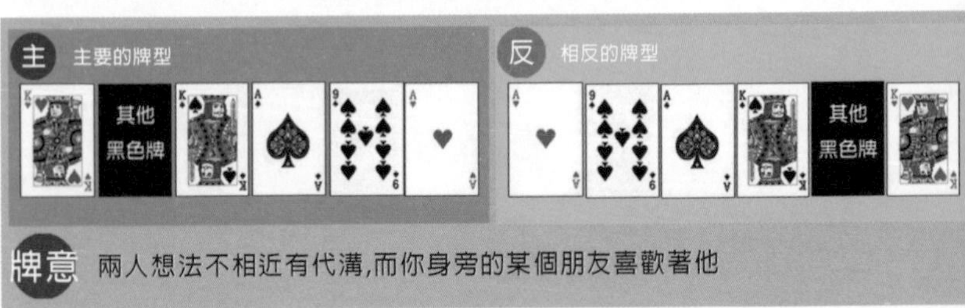

牌意 兩人想法不相近有代溝,而你身旁的某個朋友喜歡著他

牌意 兩人雖常見面相處,但想法不相近有代溝,而你是一個很在乎朋友的人

牌意 兩人常見面相處,但他討厭著你在乎的某個人

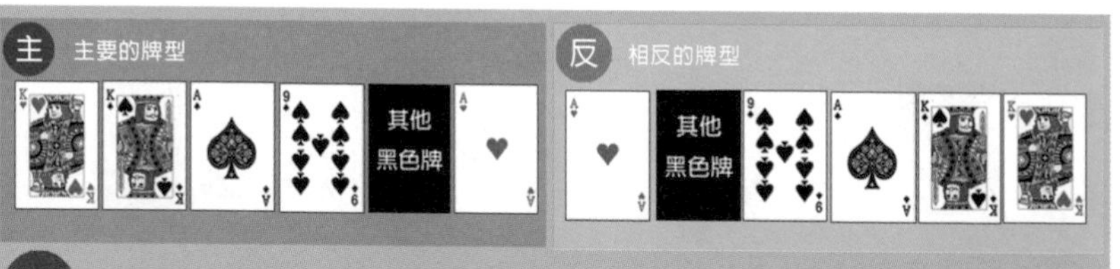

牌意 兩人常見面相處,而你討厭著他喜歡的某個人

牌意 兩人的想法相近無代溝,而他也喜歡你,但某個喜歡他的人討厭著你

牌意 兩人想法相近無代溝,他也喜歡你,但你身旁某個朋友討厭著他

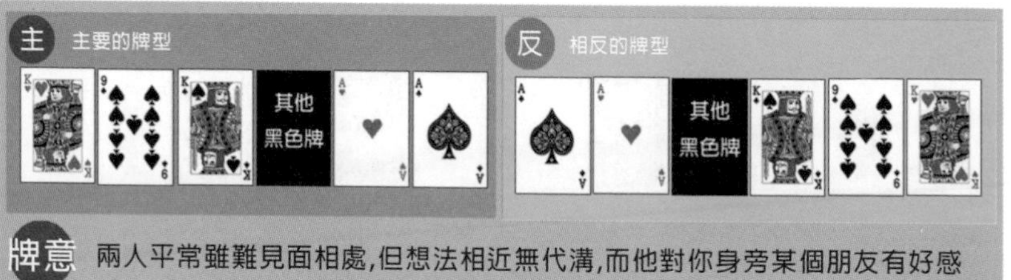

牌意 兩人平常雖難見面相處,但想法相近無代溝,而他對你身旁某個朋友有好感

牌意 兩人平常難見面相處,而他喜歡你,但他也同時對你在乎的某個人有好感

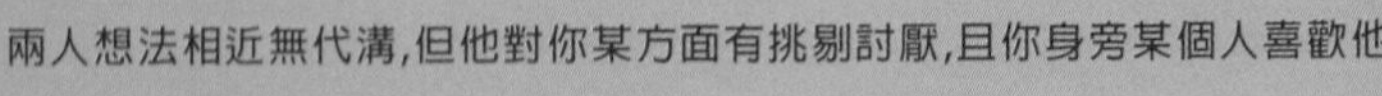

牌意 兩人想法相近無代溝,但他對你某方面有挑剔討厭,且你身旁某個人喜歡他

牌意 兩人常見面相處且想法相近如知己,但他討厭你身旁的某個人

牌意 兩人常見面相處且想法相近如知己,但他喜歡的某個人討厭著你

牌意 兩人常見面相處,而他喜歡著你在乎的某個人,他為此或有外在因素感到壓力

牌意 兩人想法不同有代溝,但他喜歡你,而你身旁某個朋友喜歡著他

主 主要的牌型

其他黑色牌

反 相反的牌型

其他黑色牌

牌意 兩人常見面相處,但想法不同有代溝,而他喜歡你身旁的某個人

主 主要的牌型

其他黑色牌

反 相反的牌型

其他黑色牌

牌意 兩人常見面相處,他喜歡著你,但你討厭著他喜歡的某個人

主 主要的牌型

其他黑色牌

反 相反的牌型

其他黑色牌

牌意 兩人常見面相處,他喜歡著你,但他討厭著你在乎的某個人

牌意 兩人想法相近無代溝,而他討厭著某一位喜歡他的人

牌意 兩人想法相近無代溝,但他喜歡一個討厭他的人

牌意 他喜歡某個你在乎的人,而他目前還有很大的壓力要面對

牌意 兩人想法相近如知己,你也是一個很重視朋友的人,而他目前有壓力在困擾著

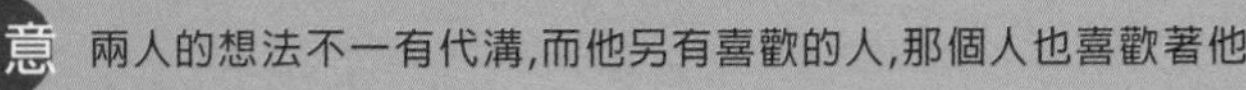

牌意 兩人的想法不一有代溝,而他另有喜歡的人,那個人也喜歡著他

牌意 你討厭著他喜歡的某人

牌意 他討厭著你在乎的某人

主 主要的牌型

其他黑色牌

反 相反的牌型

其他黑色牌

牌意 兩人想法互不了解有代溝,而你是一個在乎朋友的人

主 主要的牌型

其他黑色牌

反 相反的牌型

其他黑色牌

牌意 兩人想法相同無代溝,但他有喜歡的人也喜歡他,而你為此或其他壓力要面對

主 主要的牌型

反 相反的牌型

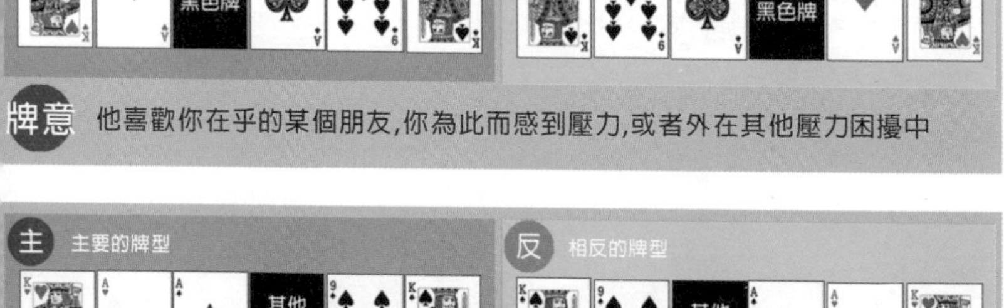

牌意 他喜歡你在乎的某個朋友,你為此而感到壓力,或者外在其他壓力困擾中

主 主要的牌型

反 相反的牌型

牌意 兩人想法相近無代溝,而你自己目前被好朋友誤會討厭著

主 主要的牌型

反 相反的牌型

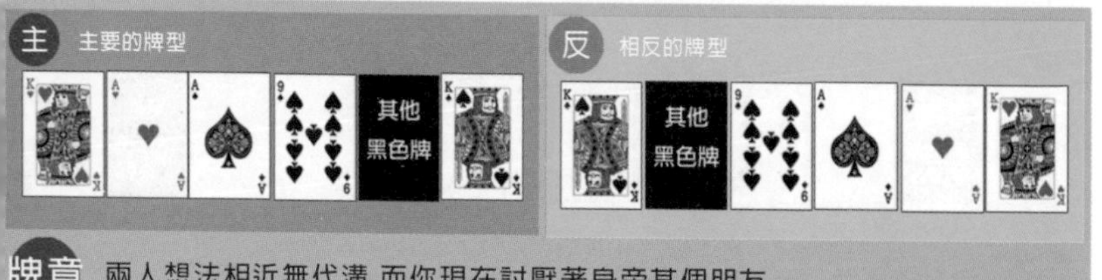

牌意 兩人想法相近無代溝,而你現在討厭著身旁某個朋友

牌意 他喜歡你,且他也討厭著某個喜歡他的人

牌意 他喜歡你,而他也同時喜歡另一個人,但那個人討厭著他

牌意 他喜歡你身邊的某個朋友,而他為此感到壓力,或者他還有其他壓力在困擾

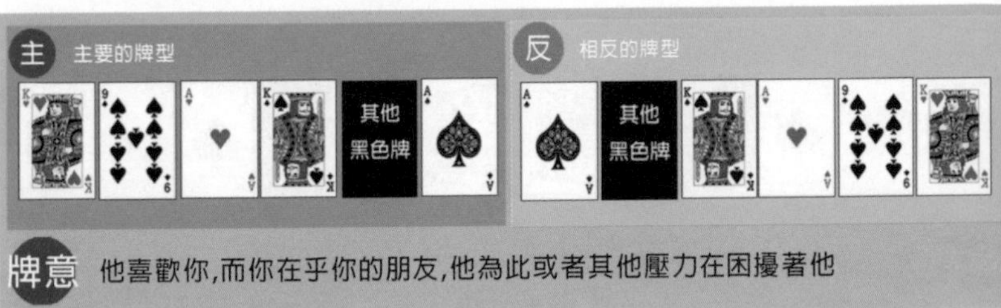

牌意 他喜歡你,而你在乎你的朋友,他為此或者其他壓力在困擾著他

牌意 他對你某地方有挑剔討厭,而他有喜歡的人,那個人也喜歡著他

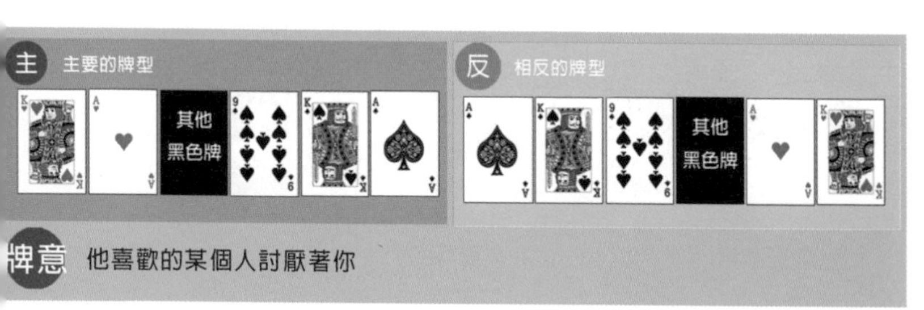

牌意 他喜歡的某個人討厭著你

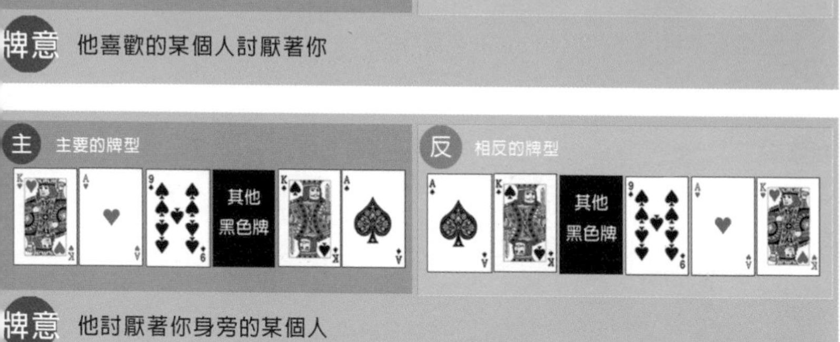

牌意 他討厭著你身旁的某個人

牌意 他對你某方面有挑剔討厭,或許是你很在乎朋友這件事

牌意 他喜歡你但他也喜歡某人,而那個人也喜歡著他,你為此或者其他壓力在困擾

牌意 他對你身旁某個人有好感,你為此感到壓力,或其他外在壓力困擾著你

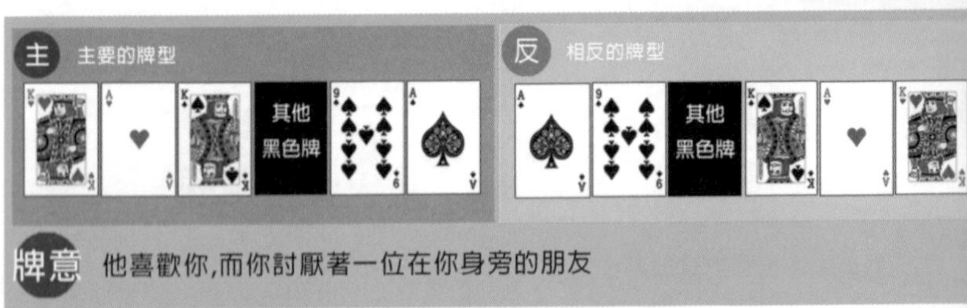

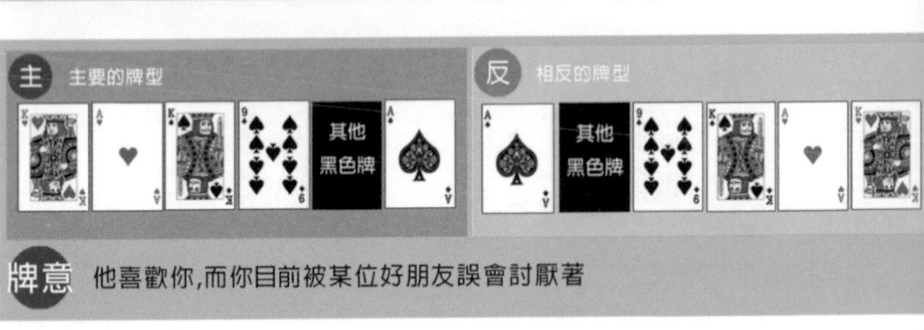

當自己的人或他的人旁
有其他同色牌的時候
代表你是一個受朋友歡迎的人
朋友喜歡和你聚在一起

希望愛情和學業都能ALL Pass

蘇鉅雲 處女座

趴趴走
第七站

6張牌 / 紅心K開頭+其他紅色牌

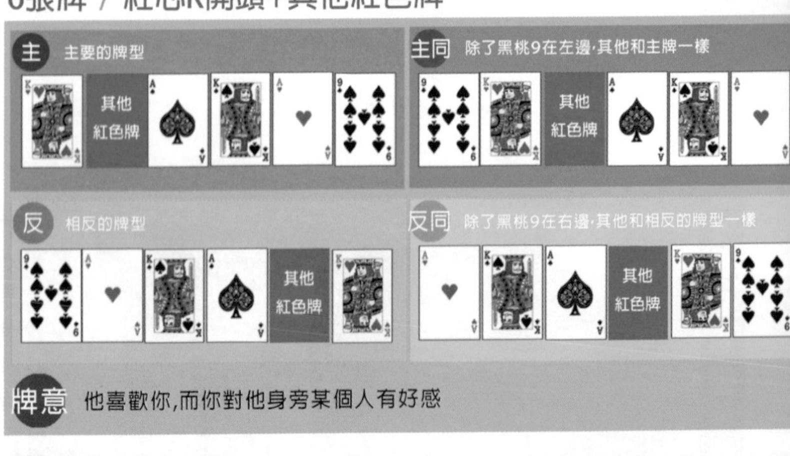

牌意 他喜歡你,而你對他身旁某個人有好感

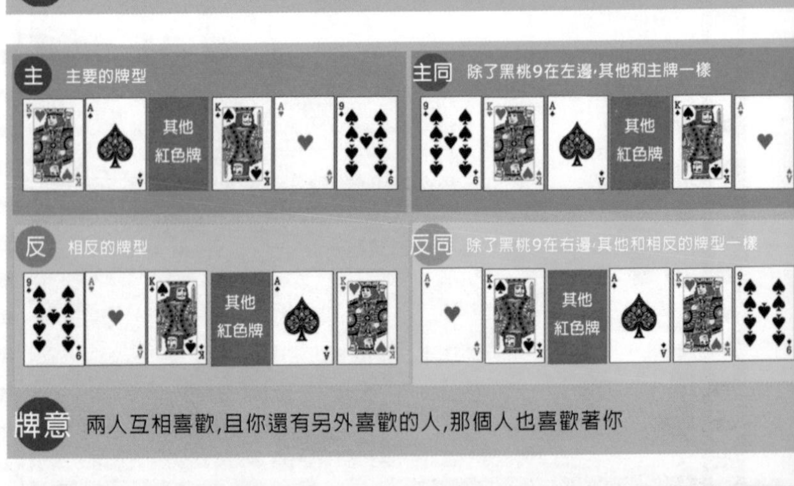

牌意 兩人互相喜歡,且你還有另外喜歡的人,那個人也喜歡著你

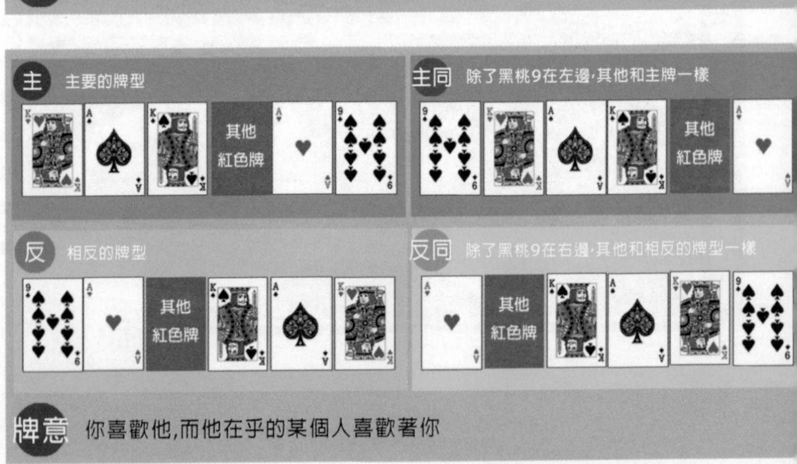

牌意 你喜歡他,而他在乎的某個人喜歡著你

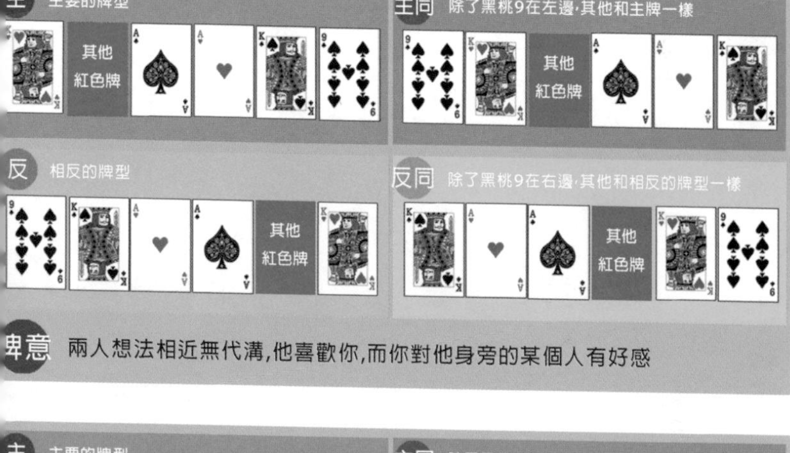

牌意 兩人想法相近無代溝,他喜歡你,而你對他身旁的某個人有好感

牌意 兩人互相喜歡,但你也對他在乎的某個人有好感

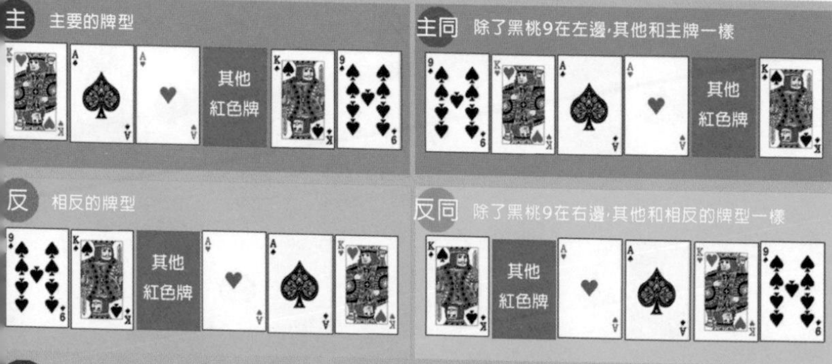

牌意 兩人想法相近無代溝像知己,你喜歡他,且他在乎的某個人喜歡你

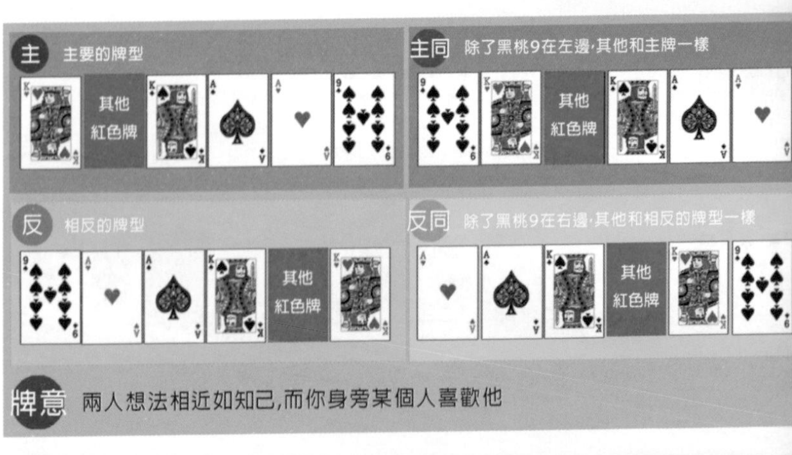
主 主要的牌型
其他紅色牌
主同 除了黑桃9在左邊,其他和主牌一樣
其他紅色牌
反 相反的牌型
其他紅色牌
反同 除了黑桃9在右邊,其他和相反的牌型一樣
其他紅色牌
牌意 兩人想法相近如知己,而你身旁某個人喜歡他

主 主要的牌型
其他紅色牌
主同 除了黑桃9在左邊,其他和主牌一樣
其他紅色牌
反 相反的牌型
其他紅色牌
反同 除了黑桃9在右邊,其他和相反的牌型一樣
其他紅色牌
牌意 兩人想法相近如知己,彼此也常見面相處,而你很在乎某個朋友,重友情

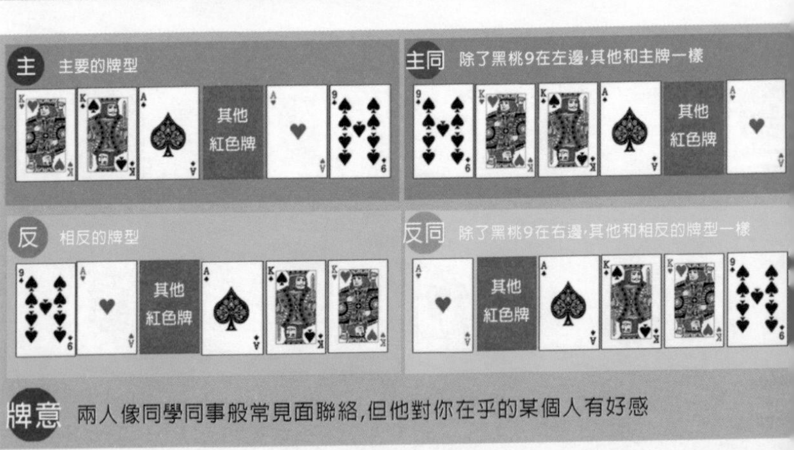
主 主要的牌型
其他紅色牌
主同 除了黑桃9在左邊,其他和主牌一樣
其他紅色牌
反 相反的牌型
其他紅色牌
反同 除了黑桃9在右邊,其他和相反的牌型一樣
其他紅色牌
牌意 兩人像同學同事般常見面聯絡,但他對你在乎的某個人有好感

牌意 兩人想法相近如知己,他也喜歡你,且他身邊也有某人喜歡你

主 主要的牌型

其他紅色牌

主同 除了黑桃9在左邊,其他和主牌一樣

其他紅色牌

反 相反的牌型

其他紅色牌

反同 除了黑桃9在右邊,其他和相反的牌型一樣

其他紅色牌

牌意 兩人常見面相處想法也相近如知己,而他在乎的某個人喜歡你

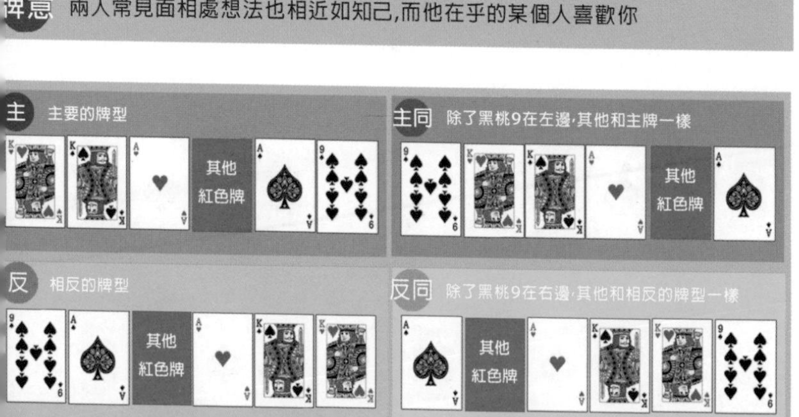

牌意 兩人常見面相處,而你喜歡他在乎的某個人

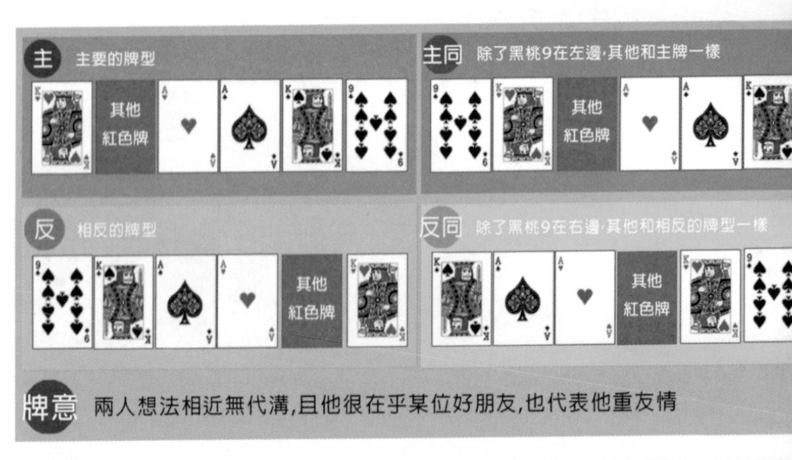

牌意 兩人想法相近無代溝,且他很在乎某位好朋友,也代表他重友情

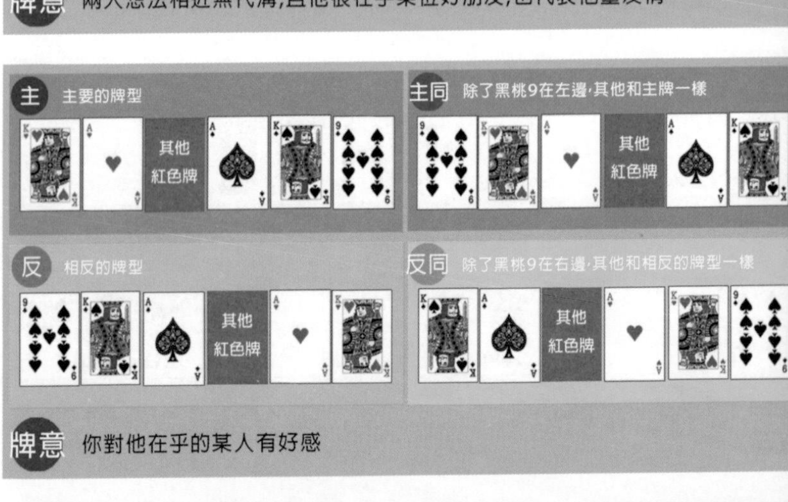

牌意 你對他在乎的某人有好感

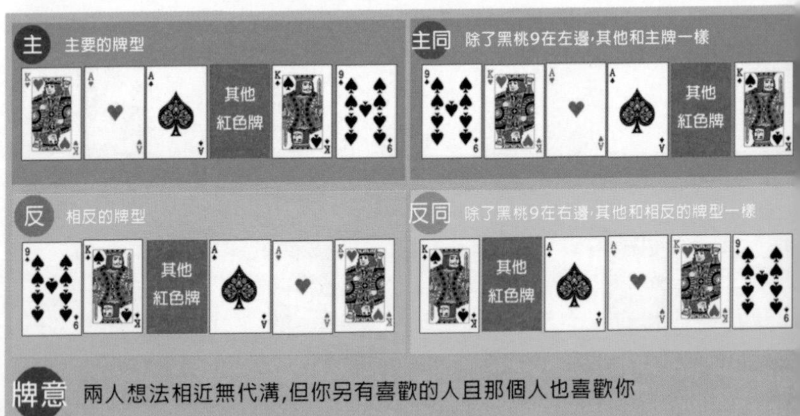

牌意 兩人想法相近無代溝,但你另有喜歡的人且那個人也喜歡你

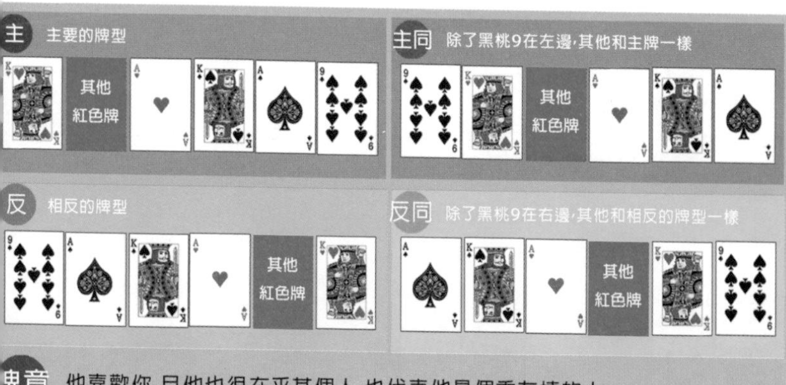

牌意 他喜歡你,且他也很在乎某個人,也代表他是個重友情的人

牌意 他在乎的某個人喜歡著你

牌意 他喜歡你,而你另外有喜歡的人,那個人也喜歡著你

牌意 他喜歡你,而你討厭他身旁的某個人

牌意 他喜歡你,而你另外喜歡某人,那個人討厭著他

牌意 他喜歡你,而你對他某方面有挑剔討厭,且你另外也有喜歡的人也喜歡著你

牌意 你對他某方面有挑剔討厭,而他在乎的某人喜歡著你

牌意 他喜歡你,而你對他身旁的某人有好感,你為此或者其他外在因素感到壓力

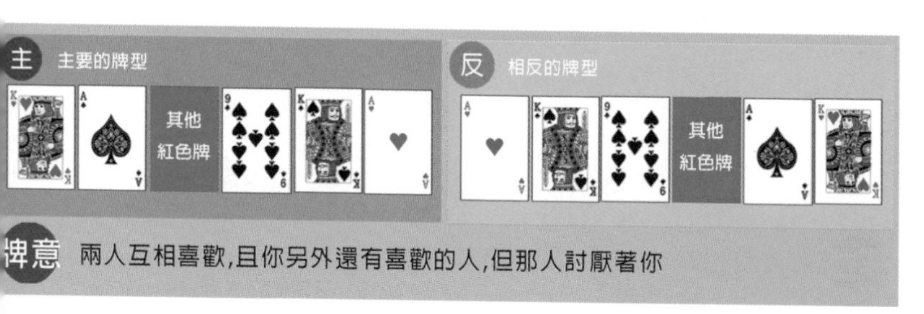

牌意 兩人互相喜歡,且你另外還有喜歡的人,但那人討厭著你

牌意 兩人互相喜歡,但你討厭著另外喜歡你的某人

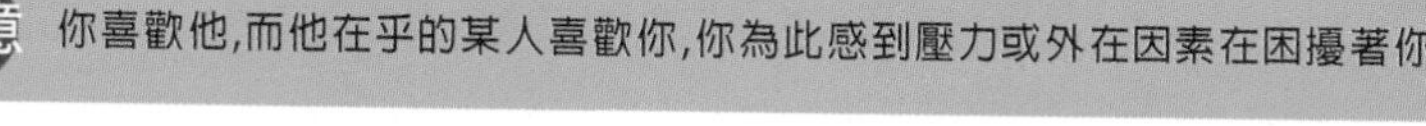

牌意 你喜歡他,而他在乎的某人喜歡你,你為此感到壓力或外在因素在困擾著你

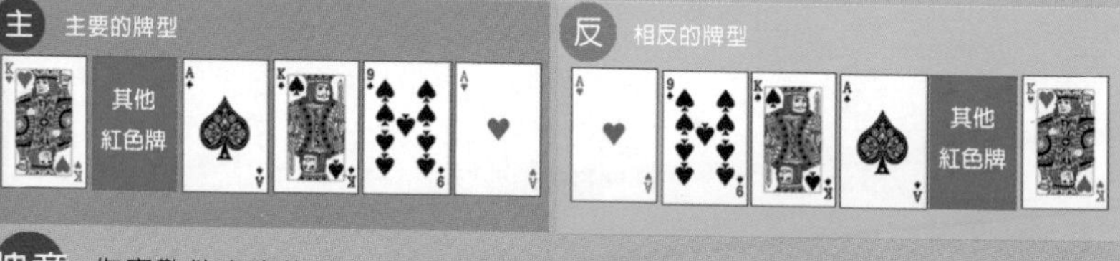

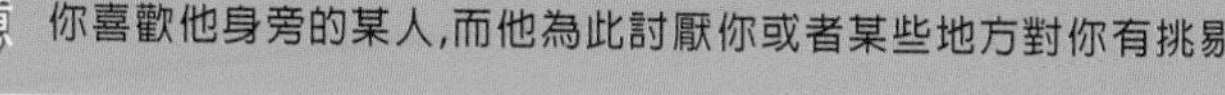

牌意 你喜歡他身旁的某人,而他為此討厭你或者某些地方對你有挑剔

牌意 你喜歡他,也同時喜歡某人,而那個人也喜歡你,他為此或其他因素對你有討厭

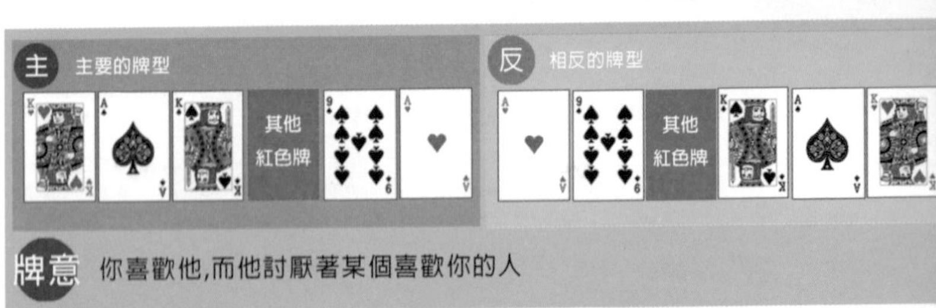

牌意 你喜歡他,而他討厭著某個喜歡你的人

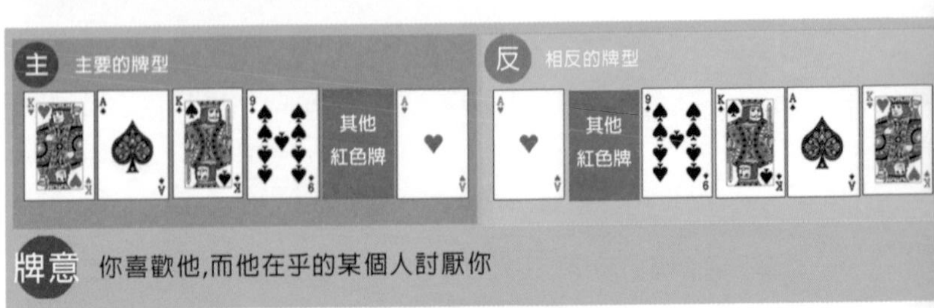

牌意 你喜歡他,而他在乎的某個人討厭你

牌意 兩人想法相近如知己,他也喜歡你,而你討厭著他身旁的某個人

牌意 兩人想法相近如知己,他喜歡你,而你另外喜歡的人討厭他

牌意 他喜歡你,但你對他某方面有挑剔討厭,且你對他在乎的某個人有好感

牌意　兩人想法相近如知己，但你對他某方面有挑剔討厭，而他在乎的某個人喜歡你

牌意　兩人想法不同有代溝，他喜歡你，而你對他身旁某個人有好感

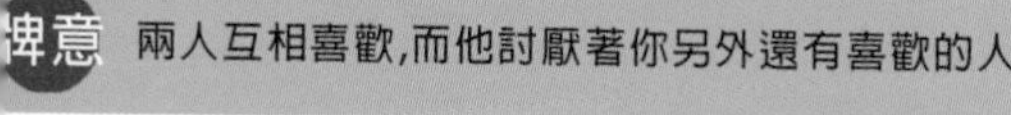

牌意　兩人互相喜歡，而他討厭著你另外還有喜歡的人

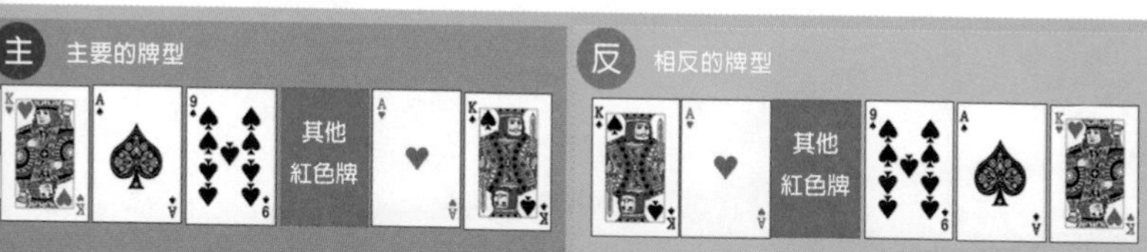

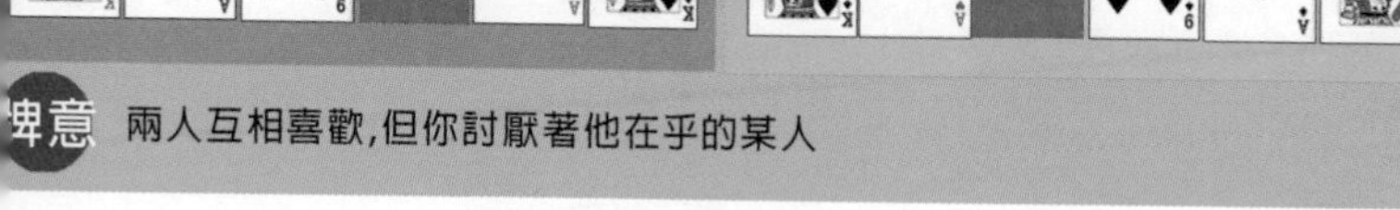

牌意　兩人互相喜歡，但你討厭著他在乎的某人

牌意　你喜歡他，但兩人的想法不同有代溝，且他在乎的某人喜歡著你

主　主要的牌型

其他紅色牌

反　相反的牌型

其他紅色牌

牌意　兩人想法相近無代溝，但他對你某方面有挑剔討厭，而你對他身旁某人有好感

主　主要的牌型

其他紅色牌

反　相反的牌型

其他紅色牌

牌意　你喜歡他也喜歡他在乎的某人，他對此或者其他方面對你有討厭挑剔

主　主要的牌型

其他紅色牌

反　相反的牌型

其他紅色牌

牌意　兩人想法相近如知己，你喜歡他，但他在乎的某人討厭你

主　主要的牌型

其他紅色牌

反　相反的牌型

其他紅色牌

牌意　兩人想法想近如知己，你也喜歡他，但他討厭另外喜歡你的某人

主　主要的牌型

反　相反的牌型

牌意　兩人想法相近無代溝，但他身旁的某人討厭你

主 主要的牌型

其他紅色牌

反 相反的牌型

其他紅色牌

牌意 兩人想法相近無代溝,而另外有人喜歡你,且那個人很討厭他

主 主要的牌型

其他紅色牌

反 相反的牌型

其他紅色牌

牌意 兩人想法相近無代溝,但平常難見面相處,且你另喜歡他人,那個人也喜歡你

牌意 兩人平常難見面相處,而你對他在乎的某人有好感

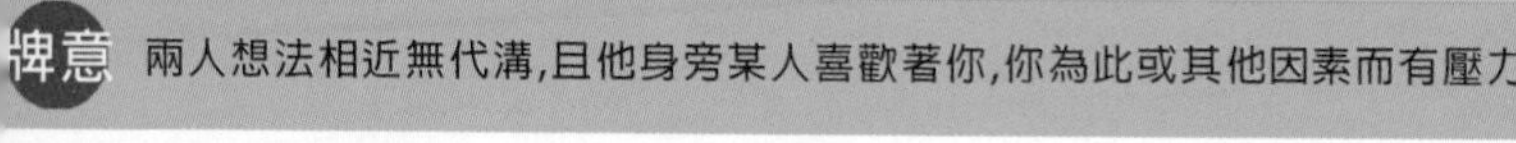

牌意 兩人想法相近無代溝,且他身旁某人喜歡著你,你為此或其他因素而有壓力

主 主要的牌型

牌意 兩人常見面相處想法也相通如知己,但你討厭另一個喜歡你的人

牌意 兩人常見面相處想法也一致如知己,但你另外喜歡的某人討厭著你

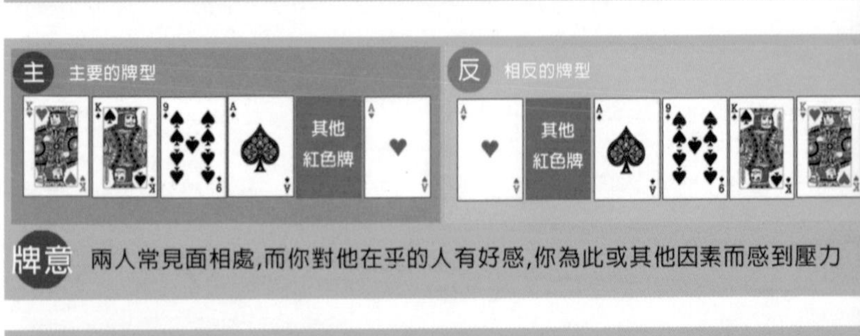

牌意 兩人常見面相處,而你對他在乎的人有好感,你為此或其他因素而感到壓力

牌意 兩人的想法相差甚遠有代溝,而他身旁某個人喜歡著你

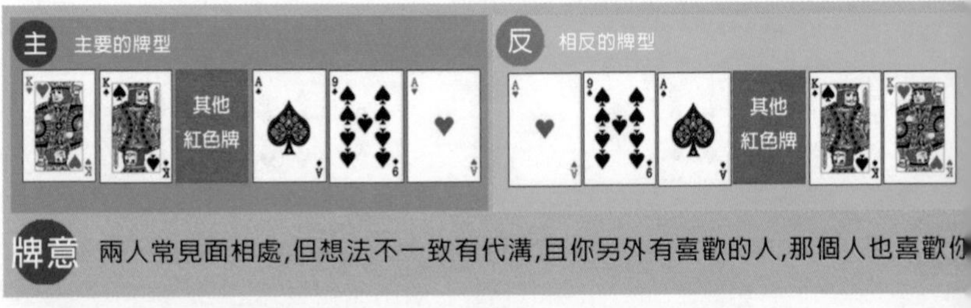

牌意 兩人常見面相處,但想法不一致有代溝,且你另外有喜歡的人,那個人也喜歡你

牌意 兩人常見面相處,而他卻討厭著你喜歡的另一個人

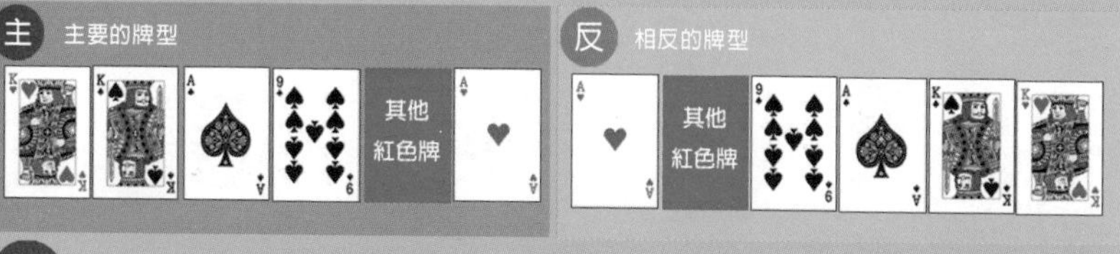
主 主要的牌型
其他
紅色牌
反 相反的牌型
其他
紅色牌

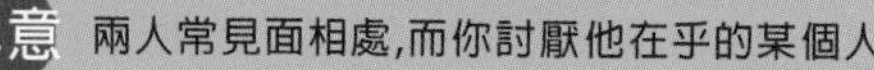
牌意 兩人常見面相處,而你討厭他在乎的某個人

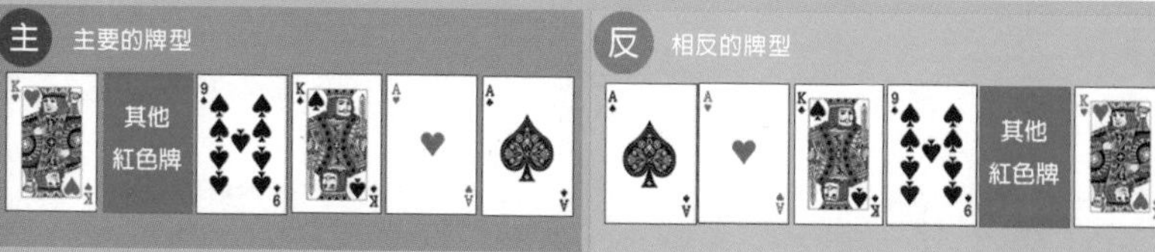
主 主要的牌型
其他
紅色牌
反 相反的牌型
其他
紅色牌

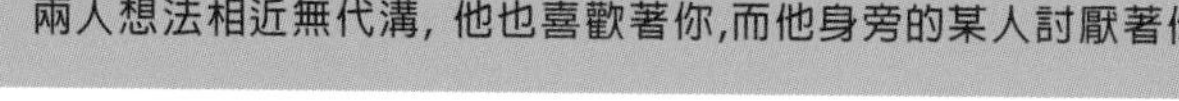
牌意 兩人想法相近無代溝, 他也喜歡著你,而他身旁的某人討厭著你

主 主要的牌型
其他
紅色牌
反 相反的牌型
其他
紅色牌

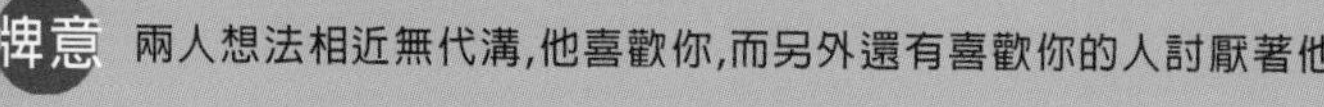
牌意 兩人想法相近無代溝,他喜歡你,而另外還有喜歡你的人討厭著他

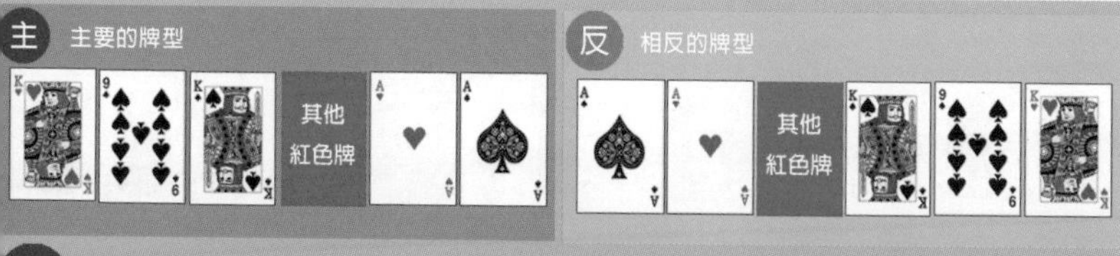
主 主要的牌型
其他
紅色牌
反 相反的牌型
其他
紅色牌

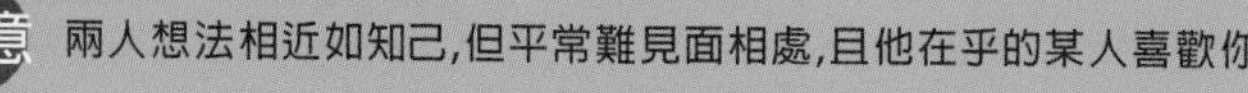
牌意 兩人想法相近如知己,但平常難見面相處,且他在乎的某人喜歡你

主 主要的牌型
其他
紅色牌
反 相反的牌型
其他
紅色牌
牌意 兩人難見面相處,但他喜歡你,而你對他在乎的某人有好感

牌意 兩人想法相近無代溝,而他身旁某個人喜歡你,他為此或其他原因挑剔討厭你

牌意 兩人想法相近無代溝,平時也常相處見面,但他討厭另一個喜歡你的人

牌意 兩人常見面相處想法也一致無代溝,但他在乎的某人討厭著你

牌意 兩人常見面相處,而你對他在乎的人有好感,他為此或其他因素挑剔討厭你

牌意 兩人的想法不一致有代溝,但他喜歡你,而他身旁也有某人喜歡著你

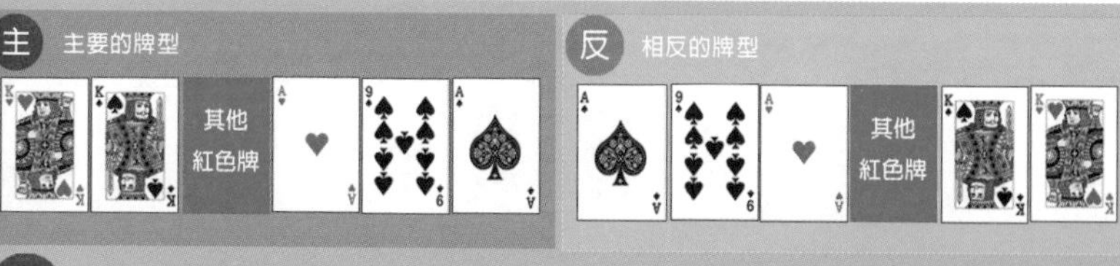

牌意 兩人常見面相處,但彼此想法不同有代溝,而他在乎的某人喜歡你

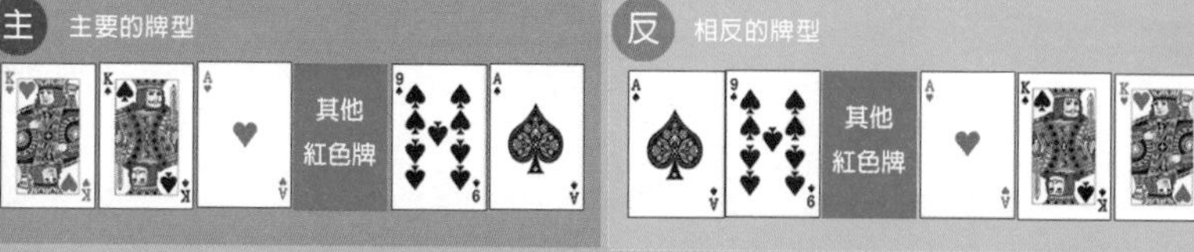

牌意 兩人常見面相處,他也喜歡著你,但你討厭他在乎的某人

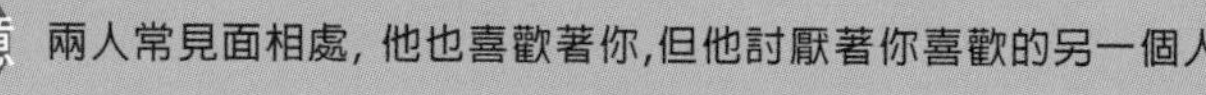

牌意 兩人常見面相處, 他也喜歡著你,但他討厭著你喜歡的另一個人

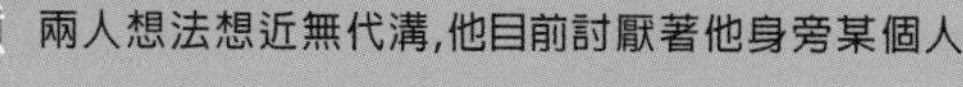

牌意 兩人想法想近無代溝,他目前討厭著他身旁某個人

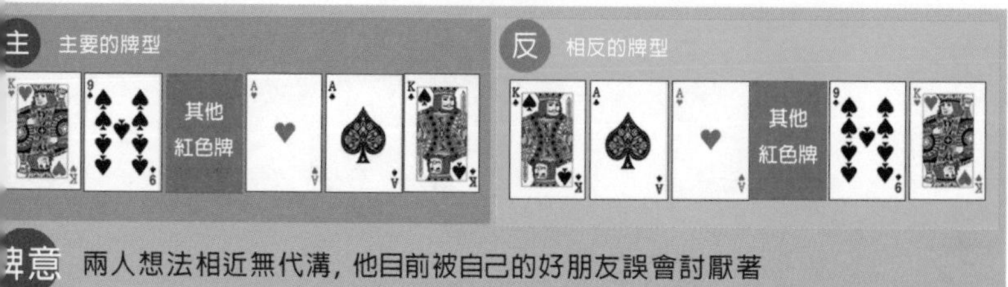

牌意 兩人想法相近無代溝, 他目前被自己的好朋友誤會討厭著

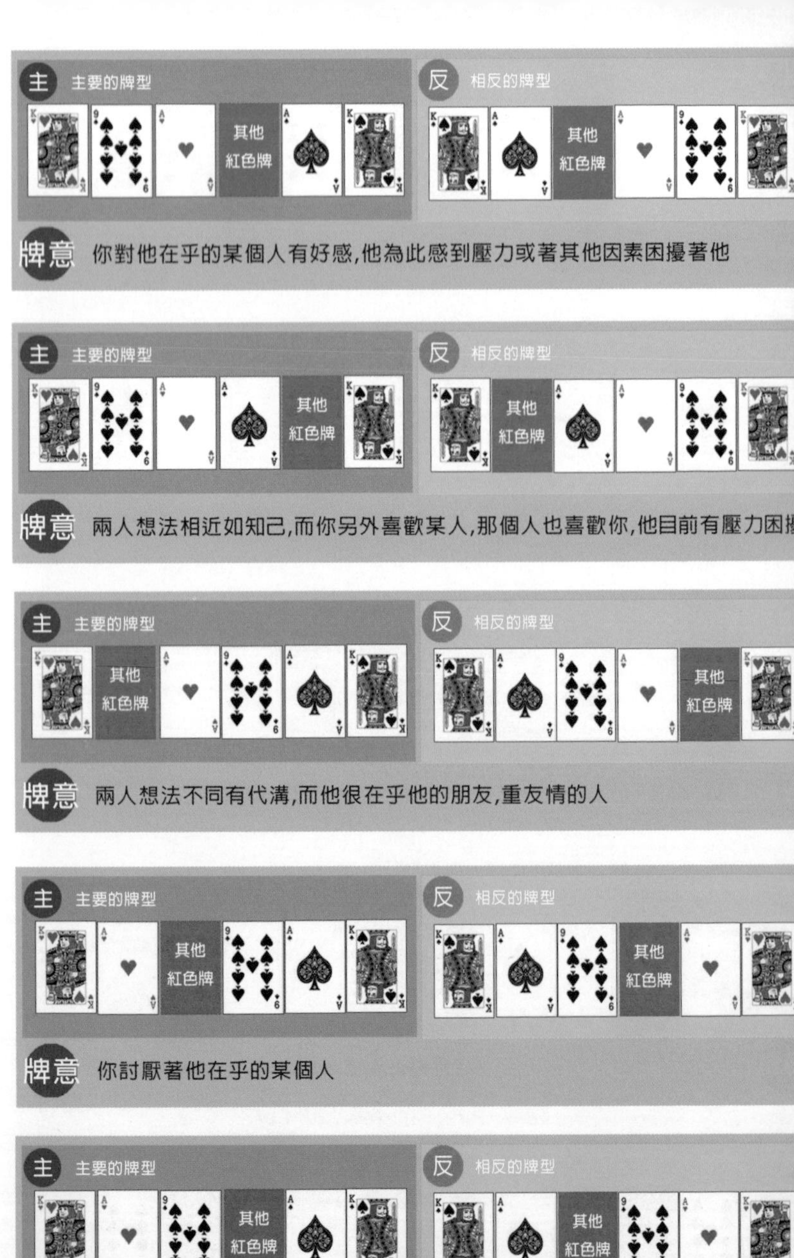

主 主要的牌型

其他 紅色牌

反 相反的牌型

其他 紅色牌

牌意 他討厭你另外喜歡的那個人

兩人想法不同有代溝,而你另有喜歡的人且那個人也喜歡你

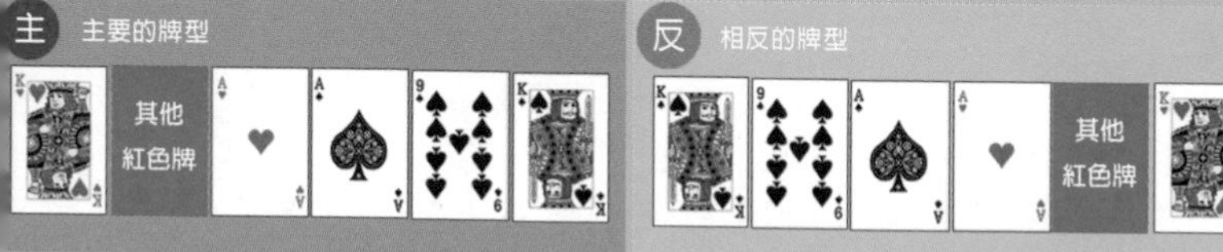

兩人想法相近無代溝,他在乎他的朋友,而你目前有壓力在困擾著你

你對他在乎的某個人有好感,你為此或者外在因素而感到壓力

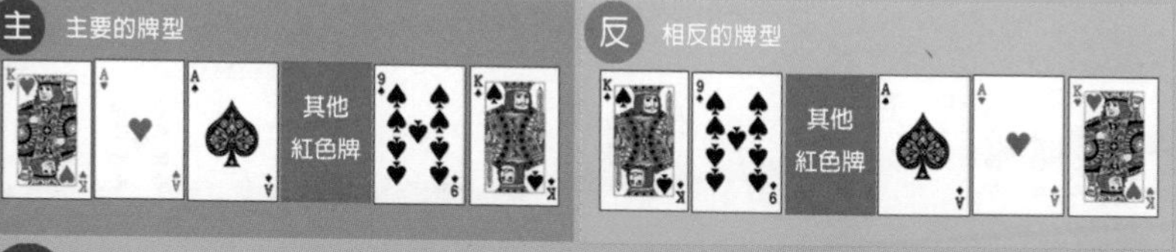

兩人想法相近無代溝,但你目前喜歡上了另一個討厭你的人

兩人想法相近無代溝,而你目前討厭著另外還喜歡你的人

主 主要的牌型
其他紅色牌
反 相反的牌型
其他紅色牌
牌意 他喜歡你,但他現在討厭著他身旁的某個朋友

主 主要的牌型
其他紅色牌
反 相反的牌型
其他紅色牌
牌意 他喜歡你,而他目前也被他好朋友誤會討厭著

主 主要的牌型
其他紅色牌
反 相反的牌型
其他紅色牌
牌意 他在乎的某人喜歡著你,他為此感到壓力,或者其他因素在困擾著他

主 主要的牌型
其他紅色牌
反 相反的牌型
其他紅色牌
牌意 他喜歡你,而你另有喜歡的人,他為此感到壓力或者其他因素在困擾著他

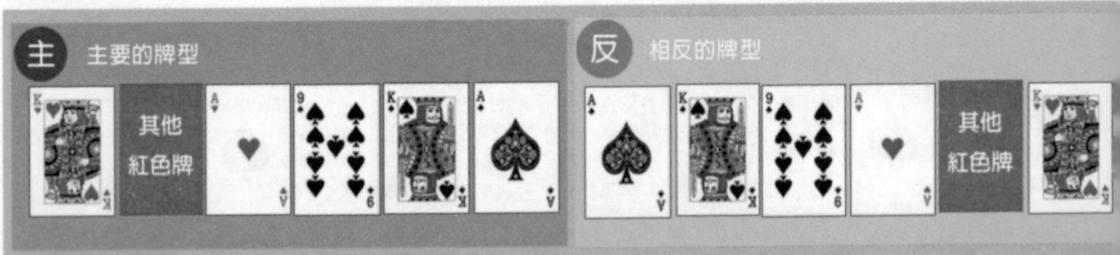
主 主要的牌型
其他紅色牌
反 相反的牌型
其他紅色牌
牌意 他對你某方面有挑剔討厭, 而他自己很在乎他的朋友

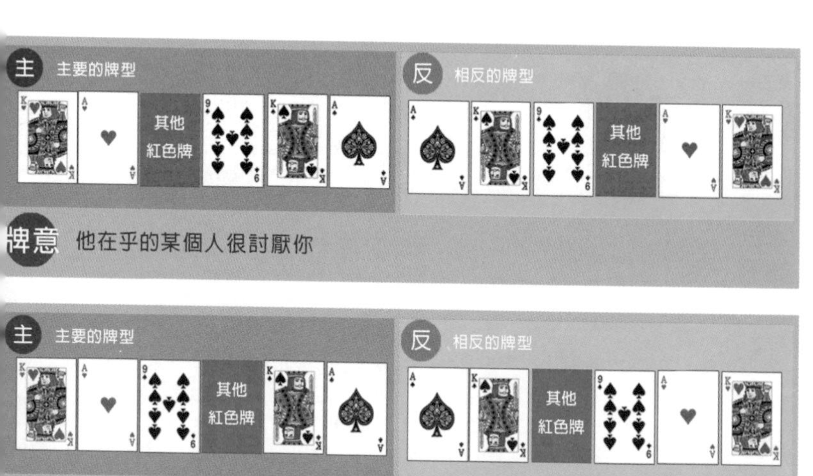

牌意 他在乎的某個人很討厭你

牌意 他討厭另外某個喜歡你的人

牌意 你另外還有喜歡某人,而那個人也喜歡你,他為此或其他因素挑剔討厭你

牌意 他喜歡你且也非常重朋友,你因此而感到困擾或者其他因素讓你有壓力

牌意 他在乎的某個人喜歡你,你為此感到困擾或者其他因素讓你面臨壓力

牌意 他喜歡你,而你討厭著另外還有喜歡你的人

牌意 他喜歡你,而你另外還有喜歡他人,但那個人討厭你

若人的旁邊有其他牌2張以上
那就有可能代表一群,
而不是只有兩個人的意思喔

愛情就像是原本兩個有角的石頭

越磨越圓，越磨越滑

Yen & Grace 天蠍座 & 處女座

趴趴走
第八站

愛情，不是一開始的感覺而已

它是彼此生活的累積

累積的越久，愛情就越濃郁

AKAK9

漫畫範例

當AKAK9時

牌意：對方喜歡你

當 ♥A ♠A ♠K ♥K ♠9 時

牌意: 兩個人常常相處, 觀念相同, 有默契,

是非常好朋友的關係

當 A K A K 9 時

nick li

牌意：純粹就是自己單戀對方而已

當 ♥A ♠A ♥K ♠K ♠9 時

nick li

牌意：兩個人彼此無話不談，什麼都可以分享，

但對方目前對你還不能算是喜歡，

而只有自己在單戀對方而已.

當KAAK9時(天牌)

牌意: 兩人彼此相愛, 也彼此了解,

彷彿現在這個世界只有你們兩個而已

nick li

牌意: 兩人的關係, 其實就只是

很普通的同學, 同事的感覺而已

牌意：兩個人互相喜歡相愛，但心和心

無法溝通，甚至彼此誤解

當 A K 9 K A 時

牌意：經典的遠距離戀愛，明明兩個人互相相愛，

但人和人之間卻有著不能常見面相處的障礙

牌意：喜歡對方，而且和對方也是心靈相通無話不聊的好朋友，但偏偏對方對自己的外表，習慣或者某種原因而被討厭

當 A K 9 A K 時

牌意: 兩人明明互相喜歡, 但自己卻因為某種因素

而感到不自在或備受壓力

當 ♠9 ♠K ♥K ♠A ♥2 ♥A 時

牌意: 喜歡對方也是時常和他相處,
但偏偏自己也喜歡上了對方
在乎的一個好朋友的情節

當 ♥A ♠K ♥K ♠A ♠9 時

nick li

牌意: 兩人時常相處見面, 對彼此都有好感,
但目前的狀況是因為外表吸引的關係, 還未心靈相通

當A K A K 7 8 9時

牌意：和對方互相喜歡，但自己身旁卻有很多追求者

當 K A 9 A K 時

牌意:兩人彼此相愛,但心和心的想法不能相通的情況,很多爭執就此產生

當A9KAK時

牌意: 妳喜歡他, 但他心中卻有些壓力

牌意: 兩人平常像同學同事般常見面相處,
你雖然喜歡著他, 但是他可能對你
有些地方有嫌棄喔, 簡單來說,
你可能不是他的菜....

國家圖書館出版品預行編目(CIP)資料

AKAK9傳說中的撲克牌愛情占卜 / 尼克雷作.
-- 初版. -- 臺中市 : 雷智雄, 2017.01
面 ; 13X18.2 公分
ISBN 978-957-43-4271-6(平裝)
1.占卜 2.撲克牌
292.96 106000195

書名: AKAK9傳說中的撲克牌愛情占卜
作　者: 尼克雷
出 版 者: 雷智雄
地　址: 台中市潭子區福潭路313巷12號
網　址: www.akak9.me
定　價:新台幣350元
初　版:2017年1月
Email: nicklei1207@gmail.com
Line@: akak9
Facebook: akak9

@讀者如對本書各章節有不了解之處,可來電,Line,FB,
Email詢問

@若有缺頁,破損請寄回更換